Christus Victor

Christus Victor

Jésus a vaincu Satan

◄ • ►

Neville Bartle

f&s
Editions Foi et Sainteté
Lenexa, Kansas (E.U.A.)

© 2006 Neville BARTLE

ISBN 978-1-56344-469-2

Publié, avec permission de l'auteur,
par Editions Foi et Sainteté.

Titre Original: *Jesus has defeated Satan*
Printed with permission of the author,
Neville Bartle, Manukau City, Auckland
New Zealand. ALL RIGHTS RESERVED.

Traduit de l'anglais par G. Honoré LEDJOU.

Les citations bibliques renvoient
à la version *Louis Segond*.

Préface
de l'édition française

Le titre de l'édition française du livre intitulé en anglais « *Jesus has defeated Satan* » a été tiré d'un article du théologien Dr William M Greathouse écrit lors d'une conférence théologique à Johannesburg, Afrique du Sud. Ce dernier s'est lui-même inspiré du livre de Gustaf Aulen : *Christus Victor*.

Ce titre signifie *Christ Vainqueur* et « a pour thème central, l'idée du sacrifice de Christ sur la croix comme étant un conflit divin et la victoire dans laquelle Christ, *Christus Victor,* s'engage et vainc Satan, le péché et la mort. La mort de Christ est au cœur de l'œuvre rédemptrice, et la croix présuppose l'incarnation, car c'est le Fils qui est venu en chair pour rencontrer et vaincre le diable. »

Ce livre est pour tous ceux qui veulent vivre dans la victoire de Christ sur Satan et ses agents, il est également pour ceux qui vivent dans les mensonges du malin et veulent être affranchis par le Fils car « si le Fils vous affranchit, vous serez réellement libres ».

Que le Seigneur Jésus, Christ Vainqueur, vous inspire et vous fortifie dans votre lecture afin que vous soyez fortifiés, renouvelés et sanctifiés par sa Parole Toute-Puissante.

Christus Victor peut être vécu à travers les paroles de ce chant : *Il a dominé Satan et son royaume, le Seigneur Jésus est plus que vainqueur !*

— *Les éditeurs*

INTRODUCTION

Un grand combat a présentement lieu. Ce combat n'oppose ni familles ni clans. Ce combat n'oppose pas des pays. Ce combat n'est ni pour un jour ni pour quelques mois ou des années. Ce combat a commencé depuis les temps d'Adam et Eve. Ce combat a opposé depuis l'aube des temps Dieu à Satan ; les anges de Dieu aux puissances maléfiques des ténèbres de Satan.

C'est un grand combat qui inclut chaque être humain et chaque esprit vivant sur la surface de cette terre.

Nos premiers ancêtres, Adam et Eve, ont écouté les mensonges de Satan et ont gâché la bonne vie que Dieu avait préparée pour nous. Parce qu'ils ont obéi à Satan, ils ont fini par devenir ses esclaves, en vivant sous son contrôle. Leur péché contre Dieu a ouvert la porte à toutes sortes de maladies et a permis au mal d'entrer dans le monde et de gâcher le merveilleux monde que Dieu avait créé.

Dieu nous a vu perdus et sans espoir. Il a fait pour nous une chose merveilleuse en envoyant son fils Jésus-Christ, qui est parti du ciel pour venir sur cette terre. Jésus est venu pour détruire les œuvres du diable afin de nous ramener dans la famille de Dieu. Satan n'est pas du tout enchanté par cette idée. Il se consume de colère et a essayé tout ce qu'il pouvait pour gâcher le plan de Dieu. Satan est encore à l'œuvre de nos jours et beaucoup d'entre nous sont en train d'être menacés, trompés et entrainés loin du droit chemin.

Etre un chrétien n'est pas une chose facile et ceci pour la simple raison que nous sommes chaque jour au front. Mais écoutez ces paroles de Jésus : « Je vous ai dit ces choses, afin que vous ayez la paix en moi. Vous aurez des tribulations dans le monde; mais prenez courage, j'ai vaincu le monde » (Jean 16.33).

En tant que chrétiens, réjouissons nous parce que la Bible nous dit clairement que Jésus a déjà vaincu Satan. Si nous nous accrochons fermement à Jésus nous pouvons aussi vaincre Satan et nous réjouir pour toujours avec Dieu. « Celui qui vaincra héritera ces choses; je serai son Dieu, et il sera mon fils » (Apocalypse 21.7).

1 QUELLE EST L'ORIGINE DE SATAN ?

Nous savons que Satan est notre ennemi.

Mais quelle est son origine ?

Avait-il été créé par Dieu ?

S'il a été créé par Dieu, comment est-il devenu l'ennemi de Dieu ?

Comment se fait-il que Dieu le laisse faire autant de mauvaises choses ?

Nous pouvons remercier Dieu du fait qu'il nous donne les réponses à ces questions très importantes. Elles se trouvent dans la Bible.

Certains chrétiens ont des idées erronées à propos de Satan. Ils croient que Satan a aussi existé dès le commencement, ayant autorité et puissance tout comme Dieu. La Bible nous dit que cela n'est pas vrai. Dieu seul a existé avant que quoique ce soit ne fut. Satan a été créé comme toutes les autres choses par Dieu lui-même.

« Au commencement était la Parole [« la Parole » est un autre nom de Jésus] et la Parole était avec Dieu. ... Toutes choses ont été faites par elle, et rien de ce qui a été fait n'a été fait sans elle » (Jean 1.1-3).

Quand Dieu a créé Satan, il était l'un des anges de Dieu. Dieu l'a créé bon comme tous les autres anges. Mais un jour, il est devenu très orgueilleux et a voulu devenir comme Dieu. Quand Dieu a su ce que cet ange essayait de faire, il l'a chassé du paradis.

La Bible contient des illustrations qui peuvent nous aider à comprendre ce qui arriva à Satan.

Le roi déchu

Dieu a mentionné certaines choses concernant le roi de Tyr dans le chapitre 28 d'Ezéchiel. A cette époque, la ville de Tyr était une très grande ville riche en argent et bien d'autres bonnes choses. Le roi de Tyr était le chef de toutes ces choses et s'est mis à s'en vanter. Le prophète Ezéchiel s'est rendu chez le roi et lui a parlé de son orgueil. Au milieu de son discours, le prophète Ezéchiel a semblé changer et a commencé à parler directement à Satan. Ezéchiel a fait cela parce que Satan était le vrai roi de Tyr et c'est de lui que Dieu parle.

Voici ce que Dieu dit à propos de Satan.

« Tu mettais le sceau à la perfection, tu étais plein de sagesse, parfait en beauté. Tu étais couvert de toute espèce de pierres précieuses. ... Tu étais un chérubin protecteur, je t'avais placé et tu étais sur la montagne de Dieu. Tu marchais au milieu des pierres étincelantes. Tu as été intègre dans tes voies, depuis le jour où tu fus créé jusqu'à celui où l'iniquité a été trouvé chez toi. ... Je te précipite de la montagne de Dieu, et je te fais disparaître, chérubin protecteur, du milieu des pierres étincelantes. Ton cœur s'est élevé à cause de ta beauté. Tu as corrompu ta sagesse par ton éclat ; je te jette par terre, je te livre en spectacle aux rois » (Ezéchiel 28.12-17).

Satan a commencé comme un bon ange. Pourtant il est devenu orgueilleux et Dieu l'a chassé du paradis.

L'étoile déchue

Le prophète Esaïe aussi a dit des choses similaires à propos de Satan.

« Roi de Babylone, te voilà tombé du ciel, astre brillant, fils de l'aurore ! Tu es abattu à terre, Toi le vainqueur des nations ! Tu disais en ton cœur : Je monterai au ciel, j'élèverai mon trône au-dessus des étoiles de Dieu ; je m'assiérai sur la montagne de l'assemblée, à l'extrémité du septentrion ; Je monterai sur le sommet des nues, Je serai semblable au Très-haut. Mais tu as été précipité dans le séjour des morts, dans les profondeurs de la fosse » (Esaïe 14.12-15).

Avant sa chute, Satan était le chef de tous les autres anges. Malgré le fait que la puissance, l'autorité et une très grande beauté lui avaient été octroyées, il n'était pas encore satisfait du titre que Dieu lui avait donné. Il désirait fortement s'approprier la gloire de Dieu et a commencé à se glorifier pour se faire l'égal du Dieu Très-Haut. Cela a été une chose très mauvaise qu'il ne fallait pas oser faire, ainsi il a été chassé du paradis. Aujourd'hui Satan est devenu une créature très mauvaise. Il brûle d'une colère ardente et essaie par tous les moyens de gâcher tout ce que Dieu a créé. Il est devenu l'ennemi juré de Dieu et de nous tous.

Quelle est l'origine de Satan ?

Un verset du Nouveau Testament parle clairement du péché de Satan. Ce verset nous avertit aussi de faire très attention afin de ne pas entretenir l'orgueil en nous. « Il ne faut pas qu' [un dirigeant] soit un nouveau converti, de peur qu'enflé d'orgueil il ne tombe sous le jugement du diable » (1 Timothée 3.6).

Nous examinerons beaucoup d'autres versets de la Bible qui nous parleront encore clairement de Satan. N'oublions pas que Satan est passé de la bonne créature qu'il était originellement à la créature maléfique qu'il est à présent. Satan est fier et égoïste. Il ne tient compte ni de Dieu ni de nous. Il ne pense qu'à lui seul.

Questions de réflexion

1. D'où vient Satan ? Comment est-il venu sur terre ?

2. Comment selon vous un être « parfait en beauté » peut être déchu ?

3. Quelle relation existe-t-il entre l'origine de Satan et l'orgueil ?

4. Qui est-ce qui Dieu aime? Qui est-ce qui Satan aime? Comme chrétiens, qui devrions-nous aimer?

2 QUELQUES-UNS DES NOMS DE SATAN

Une multitude de noms sont utilisés dans la Bible pour désigner Satan. Ces noms nous montrent ce à quoi Satan ressemble.

Le prince de ce monde

Jésus a appelé Satan « le prince de ce monde » dans Jean 12.31, 14.30 et 16.11. Paul aussi l'a appelé « le dieu de ce siècle » dans 2 Corinthiens 4.4. Satan travaille durement afin de maintenir les êtres humains sous son esclavage. Il est le prince de ce monde et utilise toute sorte de méthodes et de ruses afin de convaincre les gens à ne pas obéir à Dieu.

La Bible dit :

« N'aimez point le monde, ni les choses qui sont dans le monde. Si quelqu'un aime le monde, l'amour du Père n'est point en lui ; car tout ce qui est dans le monde, la convoitise de la chair, la convoitise des yeux, et l'orgueil de la vie, ne vient point du Père, mais vient du monde. Et le monde passe, et sa convoitise aussi ; mais celui qui fait la volonté de Dieu demeure éternellement » (1 Jean 2.15-17).

Satan dirige présentement ce monde, mais il ne le dirigera pas pour longtemps. Jésus dit : « Le prince de ce monde est déjà jugé » (Jean 16.11). Bientôt l'ange de Dieu fera retentir la trompette et Satan n'aura plus aucun moyen de se cacher. Dieu le jettera dans l'étang de feu. Et là sera Satan pour toujours (Apocalypse 20.10).

Satan n'est pas le dirigeant légitime de ce monde, c'est un faux dirigeant. Jésus a prononcé les paroles suivantes à sa sortie de la tombe : « Tout pouvoir m'a été donné dans le ciel et sur la terre » (Matthieu 28.18). Jésus est le dirigeant légitime tant du ciel que de la terre, mais Satan refuse de se soumettre à sa seigneurie. Il est l'ennemi de tout ce qui est bon et juste. Satan et ses puissances du mal sont engagés dans un grand combat contre le peuple de Dieu. Vous et moi sommes aussi engagés dans ce combat et devons résister à notre ennemi.

Le maître des esprits méchants

Souvenez-vous que Satan ne travaille pas seul. Il travaille avec une immense armée. Son armée est composée des puissances maléfiques des ténèbres. La Bible appelle Satan « le prince de la puissance de l'air » (Ephésiens 2.2). En Ephésiens 6.12, nous trouvons les noms de ces esprits qui travaillent avec Satan. « Car nous avons à lutter contre les dominations, contre les autorités, contre les princes de ce monde de ténèbres, contre les esprits méchants dans les lieux célestes. » Dans ce verset, les mots « dominations » et « autorités » ne font pas référence aux dominations ni autorités humaines mais plutôt à celles spirituelles. Ce sont les « dominations » et « autorités » parmi les esprits mauvais de ce monde.

En Apocalypse 12.4 il y a la parabole qui fait état d'une queue de dragon qui balaya un tiers des étoiles du ciel et les précipita sur la terre. Cette parabole signifie que Satan a été précipité du ciel avec plusieurs autres anges lorsque celui-ci a été jugé désobéissant. Il semble qu'un tiers de tous les anges s'est rebellé contre Dieu en même temps que Satan. Et Satan est leur patron.

Celui qui nous tente

Paul appelle Satan « le tentateur » (1 Thessaloniciens 3.5). Au commencement Satan a tenté Eve dans le jardin d'Eden. Depuis ce jour jusqu'aujourd'hui il continue d'aller ça et là pour tenter les gens. Lorsque Jésus était sur cette terre il a été aussi tenté par Satan. Satan a essayé tout ce qu'il a pu pour tenter de faire pécher Jésus. La Bible dit, « il a été tenté comme nous en toutes choses, sans commettre de péché » (Hébreux 4.15). Jésus a résisté et a vaincu chaque tentation. A cause de cela Jésus est capable de nous assister lorsque nous sommes tentés. La Bible nous promet que, « Aucune tentation ne vous est survenue qui n'ait été humaine, et Dieu, qui est fidèle, ne permettra pas que vous soyez tentés au-delà de vos forces ; mais avec la tentation il préparera aussi le moyen d'en sortir, afin que vous puissiez la supporter » (1 Corinthiens 10.13).

Celui qui accuse les gens

Satan s'évertue toujours à faire tout ce qui est en son pouvoir pour trouver des défauts contre nous. Cependant, Dieu ne lui a pas donné le droit de nous juger et de nous condamner. Pas du tout. Pourtant il continue encore d'essayer de nous décourager au travers de ses paroles d'accusation. Il dit aux chrétiens à plusieurs reprises, « Tu as chuté et Dieu ne pourra jamais te le pardonner. Ta perdition n'offre aucun espoir de rachat. »

Plusieurs fois Satan utilise les non-chrétiens pour tenter les chrétiens et les amener à se détourner de Dieu. Leur conscience les culpabilise s'ils pèchent. Et à ce propos Satan nous dit : « Tout le monde t'a vu commettre le péché. Tu ne peux plus aller à l'église parce que tout le monde racontera des commérages sur toi. »

Satan continuera de te parler ainsi jusqu'à ce que tu oublies les promesses de la Bible. 1 Jean 2.1-2 dit ceci, « Et si quelqu'un a péché, nous avons un avocat auprès du Père, Jésus-Christ le juste. Il est lui-même une victime expiatoire pour nos péchés. »

Il y a de nos jours beaucoup de divisions dans l'Eglise parce que Satan y sème la haine, les disputes et les attitudes de non pardon dans le cœur de plusieurs chrétiens. Il donne de mauvaises pensées aux chrétiens en clamant par exemple : « Ces autres chrétiens ne se soucient pas du tout de toi. Pourquoi marcher encore avec eux ? »

Satan fait tout son possible pour encourager les commérages, les critiques et les mauvais sentiments parmi les chrétiens. Nous devons user de tous nos efforts afin de démontrer l'acceptation, le respect et le pardon envers nos frères et sœurs en Christ. En agissant ainsi nous prouverons à Satan que nous ne voulons pas de lui parmi nous.

Le serpent

Le chapitre trois de Genèse nous raconte comment Satan est entré dans un serpent pour tenter Eve. Le passage d'Apocalypse 12.3 parle d'un grand dragon rouge. La Bible nous dit que c'est la même personne connue sous l'apparence du serpent qui a tenté Eve. « Le grand dragon, le serpent ancien, appelé le diable et Satan, celui qui séduit toute la terre » (Apocalypse 12.9). Ce dragon a sept têtes. Les sept têtes veulent dire que Satan est très rusé. Sur chacune des sept têtes se trouvaient dix cornes. Les cornes signifient que Satan est puissant. Et les sept têtes portent aussi sept couronnes. Les sept couronnes signifient que Satan à l'autorité de régner sur son peuple choisi. Satan est un trompeur qui travaille courageusement à obliger les gens à le suivre.

Le destructeur

Satan s'évertue à détruire ce monde et tout ce que Dieu a créé (Apocalypse 9.11). Au commencement Satan a encouragé Adam et Eve à pécher, et leur péché a brisé l'harmonie qui régnait sur terre à cette époque là. L'harmonie brisée s'est répercutée sur nos relations avec Dieu mais aussi sur les nôtres entre êtres humains. Satan ne se donne aucun répit dans son objectif de gâcher la vie des gens. Cela a toujours été son travail et il continue encore d'agir ainsi de nos jours. Qui selon vous est l'auteur de la présente résistance aux lois et à l'ordre, la cause du banditisme, la violence, les combats, les disputes, la division et la haine entre les gens ? Satan et ses mauvais assistants.

L'histoire de notre planète foisonne de récits à propos de terribles et cruelles choses que les gens se sont faites les uns les autres. Ces histoires nous montrent que les gens qui ne sont pas chrétiens sont les serviteurs de ce cruel et mauvais destructeur. Nous les chrétiens devons nous lamenter sur les gens qui sont perdus et avons besoin de chercher les voies et moyens de leur venir en aide. Satan est un méchant forcené qui ne veut pas les laisser partir. Il veut les utiliser à ses fins destructrices puis finalement les exterminer. Notre travail en tant que chrétiens consiste à secourir ces gens avant qu'il ne soit trop tard. Par conséquent aucun chrétien ne doit s'asseoir sans rien faire. Nous devons durement travailler ensemble et secourir tout ceux que nous pouvons aider.

Quelques-uns des noms donnés à Satan

Dans ce chapitre nous avons vu quelques-uns des noms attribués à Satan. Cela nous renseigne sur ses astuces et ses mauvaises actions. Ne nous associons pas à lui. Soyons les partenaires de Dieu, du Seigneur Jésus-Christ et du Saint-Esprit dans ce combat contre notre ennemi. Ce combat est à prendre au sérieux, prenons-le donc au sérieux.

Questions de réflexion

1. Satan aime sème les divisions dans l'Eglise. Comment pouvons-nous combattre ses activités ? Quels sont certains des mensonges de Satan ?

2. Qu'est-ce que les chrétiens peuvent faire pour s'encourager les uns les autres pour combattre les mensonges de Satan?

3. Que faisons-nous en tant que chrétiens face aux actes destructeurs de Satan ?

3 QUELQUES-UNES DES CONDUITES DE SATAN

Au commencement Satan était un ange très puissant. Dieu l'a créé et lui a donné l'autorité, ce qui a fait de lui un ange puissant dans le paradis. Mais un jour il est devenu désobéissant. Il n'a voulu plus jamais se soumettre à Dieu. Il a voulu être le chef en toute chose. Il était jaloux de la gloire de Dieu. Ceci était très mauvais de sa part et Dieu l'a ainsi précipité hors du ciel. Lorsque Satan a désobéi à Dieu il a entraîné avec lui beaucoup d'autres anges dans sa rébellion. Satan et ses assistants combattent toujours Dieu essayant de détruire tout ce qu'il a créé. Nous avons déjà examiné quelques-unes des conduites et des astuces de Satan dans le chapitre précédent au travers de chacun de ses noms que nous avons étudiés. Voilà quelques-uns de ses noms énumérés ci-dessous :

- Le prince de ce monde
- Le maître des esprits méchants
- Celui qui nous tente
- Celui qui accuse les gens
- Le serpent
- Le destructeur

Satan est très rusé

Satan n'est pas aussi habile et intelligent que Dieu, mais il l'est bien plus que chacun d'entre nous. Satan a aussi une connaissance suffisante de tout ce qui se passe sur la terre. Satan n'est pas comme Dieu qui peut voir le monde entier en un clin d'œil. Il ne peut pas être partout en même temps ; ainsi il parcourt le monde d'un lieu à un autre (Job 1.7). Il a aussi plusieurs ouvriers qui lui rapportent tout ce qu'ils voient. Ce sont les esprits déchus qui sont les assistants de Satan. C'est de là que Satan tire sa grande connaissance.

Satan court çà et là trompant plusieurs personnes et ceux-ci tombent dans son piège (1 Timothée 3.7). La Bible nous dit « Revêtez-vous de toutes les armes de Dieu, afin de pouvoir tenir ferme contre les ruses du diable » (Ephésiens 6.11).

Satan se consume de colère

Satan est une très méchante créature. Il n'y a rien de bon en lui. Lorsque Satan vient habiter en une personne, il n'a aucun égard ni de respect pour celle-ci. Lisez le récit de Marc 5.1-20. Les ouvriers de Satan habitaient en cet homme et celui-ci se trouvait dans un terrible état. Il avait perdu tous ses sens. Il courait nu çà et là. Il dormait dans les cimetières. C'était un fou. Les gens ont essayé de l'enchaîner, mais il réussissait toujours à rompre les chaînes pour s'enfuir. Lorsque Satan vient habiter en une personne et contrôle sa vie, il ruine cette personne.

Satan a le pouvoir de nous détruire. « Votre adversaire, le diable, rôde comme un lion rugissant, cherchant qui il dévorera » (1 Pierre 5.8).

Les lions sont de grands et dangereux animaux qui vivent en Afrique. Et c'est une réalité indéniable que les lions tuent et mangent les gens. Satan est justement semblable à un de ces grands et dangereux animaux cherchant à nous tuer et à nous dévorer.

Jésus a dit que Satan est comme un voleur qui vient pour voler et détruire les gens. « Le voleur ne vient que pour dérober, égorger et détruire » (Jean 10.10). Satan sait que dans peu de temps Dieu le détruira. C'est pourquoi il est en colère et travaille quotidiennement pour faire du mal au peuple de Dieu (Apocalypse 12.12, 17).

Si une équipe habituée à gagner tous ses matchs se trouve menée au score en plein milieu d'un match, ses joueurs ne s'avouent pas vaincus aussi facilement. Ils jouent durement et avec hargne parce qu'ils ne veulent pas être vaincus par l'équipe adverse. Satan est pareil à cette équipe perdante. Il a vu Jésus mourir et ressusciter d'entre les morts et il sait que bientôt Dieu le détruira. Ainsi Satan est en train de combattre Dieu avec colère et haine usant du peu de temps qui lui reste.

Satan est puissant

Satan a une grande puissance et nous avons peur de lui. Mais souvenez-vous que la puissance de Satan est de très loin inférieure à celle de Dieu. « Car qui, dans le ciel, peut se comparer à l'Eternel ? Dieu est terrible dans la grande assemblée des saints, il est redoutable pour tous ceux qui l'entourent » (Psaume 89.7-8). Satan n'est pas l'égal de Dieu. Cependant il a plus de puissance que chacun d'entre nous. Lorsque nous ne vivons pas dans l'intimité de Dieu alors nous devenons les esclaves de Satan (Actes 26.18). C'est uniquement par Jésus que nous pouvons briser la puissance de Satan et retrouver notre liberté.

Satan est un menteur

Voici comment Jésus décrit Satan : « Lorsqu'il profère le mensonge, il parle de son propre fonds; car il est menteur et le père du mensonge » (Jean 8.44). La raison pour laquelle Satan ment est qu'il ne veut pas que nous sachions qu'il est si mauvais. Il ne veut pas non plus que nous expérimentions la puissance de Dieu et que nous sachions que Dieu finira avec lui dans le futur. Parfois Satan se présente aux hommes prétendant être un ange de lumière (2 Corinthiens 11.14).

Satan peut entrer en des gens et prendre le contrôle de leur esprit

Le Nouveau Testament parle des esprits qui entrent en des gens et contrôlent leurs pensées. Satan lui-même est entré en Judas pour l'amener à livrer Jésus à ses ennemis (Jean 13.27).

De nos jours les ouvriers de Satan vont çà et là cherchant des gens en qui ils pourront entrer afin de prendre le contrôle de leur esprit et de détruire leurs corps. Les personnes qui pratiquent la sorcellerie ou la magie noire qui offrent des animaux aux esprits des morts, rendent la tâche aisée aux ouvriers de Satan pour entrer en eux et contrôler leur vie.

Satan a peur de Jésus

La seule personne dont Satan a peur est Jésus-Christ. Chaque homme ou femme qui croit au nom de Jésus peut résister à Satan. « Résistez au diable, et il fuira loin de vous » (Jacques 4.7). Quoiqu'il en soit, nous ne pouvons lui résister qu'avec le nom et l'autorité de Jésus-Christ. Le chapitre 19 des Actes des Apôtres nous parle de la manière dont certains hommes essayaient de chasser des démons. Ils ont essayé d'utiliser le nom de Jésus pour chasser les mauvais esprits mais ces gens n'étaient pas de vrais chrétiens. Au lieu d'écouter ces hommes et de fuir, ce sont les esprits mauvais qui ont chassé ces hommes. Satan est plus rusé et plus fort que n'importe quelle personne. Mais Jésus a déjà vaincu Satan lorsqu'il est mort et a ressuscité d'entre les morts. Par la puissance et l'autorité de Jésus nous pouvons vaincre Satan et demeurer forts.

Quelques-unes des conduites de Satan

Dans ce chapitre nous avons appris beaucoup concernant les conduites de Satan.

1. Quoique Satan soit plus fort que nous, Dieu est beaucoup plus fort que lui.

2. Satan est très en colère et combat durement pour nous assujettir.

3. Satan est très rusé. Mais Dieu a toutes les réponses. Il est beaucoup plus sage que Satan.

4. Satan va ça et là mentant et essayant de nous tromper.

5. Satan peut pénétrer dans l'esprit des gens et les contrôler si ceux-là le lui permettent.

6. Satan a peur de Jésus. Il sait que Jésus l'a déjà vaincu et qu'il n'y a aucun moyen pour lui d'échapper au jugement que Dieu lui réserve.

Questions de réflexion

1. Si Satan n'est pas aussi habile et intelligent que Dieu, comment-a-il convaincu le monde de son pouvoir ?

2. Pourquoi Satan, a-t-il peur de Jésus ?

3. Discutez les différences entre les attributs de Dieu et les attributs de Satan.

4. Comment pouvez-vous montrer l'amour de Dieu à un voisin cette semaine?

4 LES ESPRITS DES MORTS

En Papouasie-Nouvelle-Guinée, tout comme dans d'autres parties du monde, nous pensons beaucoup aux esprits de ceux qui sont morts. Et nous avons vu la manifestation des puissances des esprits des morts par le biais de plusieurs sortes de choses.

Ils font toutes sortes de choses

Quelque part un homme a dérobé une somme d'argent assez conséquente à quelqu'un d'autre. Les gens du village ont voulu connaître l'identité du voleur et sont allés consulter les esprits. Le féticheur posait des questions aux esprits et ceux-ci répondaient par le biais des mouvements de pendule d'une tige de bambou par laquelle ils ont dirigé la foule vers le lieu où le voleur se trouvait. Ainsi, les gens ont retrouvé l'argent volé.

Ailleurs, les gens piquaient un bambou sur la tombe d'un mort. L'une des extrémités du bambou était enfoncée dans la terre près de la tête du mort, l'autre extrémité était pointée vers le ciel. La nuit les gens allaient placer leurs oreilles contre le bambou et attendaient des messages de la part du mort comme s'ils étaient en train de téléphoner.

Un jour un homme avait été renversé par une voiture. Les parents se sont dépêchés de le conduire à l'hôpital mais il était déjà mort. Les parents du mort ont pensé qu'ils devaient retourner sur les lieux de l'accident et essayer d'invoquer son esprit. Alors ils ont fait appel à quelqu'un qui savait s'y prendre. Lorsqu'il est arrivé, ils sont partis ensemble. Ils ont pris un morceau de viande de cochon et l'ont rôti. Ils pensaient que l'odeur de ce morceau de viande ramènerait l'esprit du mort. Vers la tombée de la nuit, le sorcier a pris rapidement de la poussière qu'il a enveloppée dans une feuille qu'ils ont ramené dans leur village.

Que dit la Bible à ce propos ? Les esprits des morts font-ils ce genre de choses ou pas ? Ces diverses pratiques auxquelles nous assistons sont-elles l'œuvre de l'esprit du mort ou celles de l'un des ouvriers de Satan ? Satan est le père du mensonge. Nous ferions mieux de ne pas le laisser nous tromper par ce genre de choses.

Une histoire du village

La grand-mère de Kapal était décédée, et était ensevelie il y avait de cela quelques jours. A minuit pendant que Kapal dormait, il a cru entendre un bruit provenant de l'extérieur. Il a tendu attentivement l'oreille essayant de deviner ce qui se passait. Ainsi, il a entendu quelqu'un l'appeler : « Kapal ! Kapal ! ».

« Qui est-ce ? » a demandé Kapal. Il a pensé entendre la voix de sa grand-mère et a été très effrayé. Il a demandé à la personne ce qu'elle voulait, mais n'a reçu aucune réponse claire. Il a été très inquiet à propos de ceci.

Le lendemain une femme s'est rendue à la maison de Kapal à toute vitesse affirmant avoir vu sa grand-mère dans le jardin très tôt le matin. Elle l'a appelé mais n'a pu obtenir de réponse en retour. Dès lors Kapal a pensé que c'était peut-être sa grand-mère qui l'avait appelé la nuit précédente et s'est demandé ce qu'elle avait voulu lui dire.

Les parents de Kapal se sont mis à se demander pourquoi la grand-mère était encore parmi eux. Beaucoup de salive a coulé à ce propos. Certains ont suggéré de tuer un cochon afin d'arranger les choses. D'autres pensaient qu'elle désirait peut-être que les parents s'assemblent et confessent leur tort avant de tuer le cochon, et cela pour apaiser sa colère.

Kapal savait aussi que sa grand-mère de son vivant était une très bonne chrétienne. Maintenant qu'elle était morte, son esprit devrait être allé directement au paradis. Kapal était très inquiet et pensait beaucoup à tout ceci. Où était maintenant sa grand-mère ? Etait-elle allée au paradis ou était-elle encore parmi eux ?

Réfléchissons à cette histoire

Si vous étiez le pasteur de Kapal ou un membre de l'église, que diriez-vous à Kapal et à ses parents ? Qu'est-ce que dit la Bible ? La Bible nous indique-t-elle le lieu où se rendent les esprits des morts ? Avant que vous ne continuiez, voici des questions auxquelles vous devriez répondre.

- Qui avait appelé Kapal la nuit dernière ?

- Qui est-ce que cette autre femme avait vu dans le jardin ?
- Où se rend l'esprit d'une personne morte lorsqu'il quitte le corps ?
- Est-il possible que les esprits des morts reviennent nous parler ou pas ?

Qu'est-ce que dit la Bible ?

Où va l'esprit d'une personne décédée ?

Nombreuses sont les histoires que les gens racontent à ce propos, mais qu'est-ce que dit la Bible ?

Jésus dit au voleur sur la croix, « Je te le dis en vérité, aujourd'hui tu seras avec moi dans le paradis » (Luc 23.43). Nous apprenons premièrement par ceci que l'esprit du voleur ne s'était pas mis à trainer partout. Non, il est parti directement au paradis.

Voici ce que Paul dit à propos de lui-même, « Et la mort m'est un gain. ... J'ai le désir de m'en aller et d'être avec Christ, ce qui de beaucoup est le meilleur » (Philippiens 1.21, 23). Il dit encore, « Et nous aimons mieux quitter ce corps et demeurer auprès du Seigneur » (2 Corinthiens 5.8).

Nous voyons ici que Paul n'avait pas peur de mourir. Il savait que s'il mourait il irait au paradis pour être avec le Seigneur Jésus. La Bible nous dit que lorsque ceux qui marchent avec Jésus décèdent, ils vont vivre avec Dieu au paradis.

Qu'en est-il de ceux qui ne sont pas chrétiens ? Que leur arrivera-t-il à leur mort ?

Voici ce que dit la Bible, « Il est réservé aux hommes de mourir une seule fois, après quoi vient le jugement » (Hébreux 9.27).

Voici ce que Jésus a dit à propos des deux personnes mortes : « Le pauvre, Lazare, mourut, et il a été porté par les anges dans le sein d'Abraham. Le riche mourut aussi, et il a été enseveli. Dans le séjour des morts, il leva les yeux ; et, tandis qu'il était en proie aux tourments, il vit de loin Abraham, et Lazare dans son sein » (Luc 16.22-23).

Une personne qui meurt sans Jésus n'a aucune joie. Toute personne qui meurt se retrouve dans les mains de Dieu et est jugée. L'esprit d'une personne décédée n'est ni dans la maison, ni au cimetière ni sur une montagne. Non. Lorsqu'un homme ou une femme meurt son esprit va directement à Dieu pour être jugé. Jésus dit, « J'étais mort ; et voici je suis vivant aux siècles des siècles. Je tiens les clefs de la mort et du séjour des morts » (Apocalypse 1.18).

Les morts ne sont pas libres de se promener partout librement. Ils ne vivent pas dans la jungle ou dans les montagnes dans l'attente des éclairs et du tonnerre. Ils ne sont pas en train de dormir dans le cercueil au cimetière. Pas du tout. Lorsqu'un enfant, un homme ou une femme meurt, leur esprit quitte leur corps et va directement à Dieu, puis Dieu les juge et les envoie où ils doivent être, soit au paradis ou en enfer.

Les mensonges de Satan

La Bible affirme très clairement que les esprits des morts vont directement à Dieu pour être jugés et envoyés où ils doivent être. Réfléchissez encore à l'histoire racontée au début de ce chapitre. Qui est-ce que la femme avait vu dans le jardin ? Si ce n'était pas l'esprit de sa grand-mère alors qui d'autre cela aurait pu être ?

En tant que chrétiens, voici des questions très importantes à comprendre et auxquelles on doit savoir répondre. Dans beaucoup d'endroits, des histoires similaires sont racontées. Qui est à l'origine de tout ceci ?

Satan est un menteur qui va partout trompant les gens. Satan est l'ennemi de Dieu et ne veut pas que nous adorions Dieu. Il veut que nous adorions d'autres faux dieux. Jésus dit : « Lorsqu'il profère le mensonge, il parle de son propre fonds ; car il est menteur et le père du mensonge » (Jean 8.44).

Satan a des esprits mauvais qui travaillent avec lui. Ainsi il leur partage le travail et leur dit : « Toi va et prétend être l'esprit de la grand-mère. Allons et effrayons Kapal, sa famille et ses proches afin qu'ils n'adorent plus le vrai Dieu dans le futur. »

Ce n'était pas la grand-mère de Kapal qui l'avait appelé pendant la nuit, ou qui avait été aperçue dans le jardin. Non. C'était l'un des ouvriers de Satan qui était en train de les tromper. La Bible soutient clairement que Satan essaye de tromper et d'aveugler les gens. « Pour les incrédules dont le dieu de ce siècle a aveuglé l'intelligence, afin qu'ils ne vissent pas briller la splendeur de l'Evangile de la gloire de Christ, qui est l'image de Dieu » (2 Corinthiens 4.4). Satan court par-ci par-là trompant les gens, les amenant à craindre les esprits des morts au lieu de se donner complètement au Seigneur Jésus-Christ.

Nous est-il permis de parler aux esprits des morts ?

Dans un village, un cochon avait disparu. Les gens ont voulu savoir où se trouvait ce cochon. Ainsi ils se sont rendus chez cette dame du village qu'ils croyaient avoir la magie afin de trouver la cachette de ce cochon. Ils sont allés la voir de nuit. Ils se sont assis très calmement. Il n'y avait pas de feu à l'intérieur pour éclairer sa maison. La femme a respiré très fortement jusqu'à tomber par terre. Après un laps de temps, elle s'est réveillée et leur a dit où se trouvait le cochon. Dieu hait sincèrement le fait de parler avec les esprits des morts. Ecoutez quelques fortes paroles que Dieu a à nous dire.

« Ne vous tournez point vers ceux qui évoquent les esprits, ni vers les devins ; ne les recherchez point, de peur de vous souiller avec eux. Je suis l'Eternel, votre Dieu » (Lévitique 19.31).

« Qu'on ne trouve chez toi personne qui fasse passer son fils ou sa fille par le feu, personne qui exerce le métier de devin, d'astrologue, d'augure, de magicien, d'enchanteur, personne qui consulte ceux qui évoquent les esprits ou disent la bonne aventure, personne qui interroge les morts. Car quiconque fait ces choses est en abomination à l'Eternel, ton Dieu » (Deutéronome 18.10-12).

« Saül mourut, parce qu'il se rendit coupable d'infidélité envers l'Eternel, dont il n'observa point la parole, et parce qu'il interrogea et consulta ceux qui évoquent les morts (1 Chroniques 10.13).

« Si l'on vous dit : Consultez ceux qui évoquent les morts et ceux qui prédisent l'avenir, Qui poussent des sifflements et des soupirs ; Répondez : Un peuple ne consultera-t-il pas son Dieu ? S'adressera-t-il aux morts en faveur des vivants ? A la loi et au témoignage ! » (Esaïe 8.19-20).

Un devin est une personne qui essaie de se mettre entre les vivants et les morts. Ils posent des questions aux morts et donnent les réponses en retour aux vivants. Pourquoi Dieu n'est-il pas content de l'idée de la consultation des morts ? La raison est qu'il est notre seul Dieu et Père. Il nous aime et veut conduire et guider nos vies. Il veut que nous le consultions et le suivions.

Ceux qui consultent les esprits des morts consultent en réalité les esprits méchants de Satan, et il les trompe et ruine leur vie.

Les esprits des morts

Beaucoup d'entre nous ont peur des esprits ancestraux et font plusieurs choses pour eux. C'est l'une des raisons qui fait que nous ne sommes pas affermis dans notre foi. Ceci pourrait aussi être l'une des raisons qui fait que nos églises ne sont pas fortes. Nous sommes effrayés et indécis, nous voulons suivre Dieu et ne sommes pas capables d'abandonner nos croyances traditionnelles. Il est temps pour nous de changer. Débarrassons-nous de nos indécisions et efforçons-nous de suivre Dieu avec tout notre cœur. Nous expérimenterons la toute puissance de Dieu dans nos vies lorsque nous agirons ainsi. « A celui qui peut faire, par la puissance qui agit en nous, infiniment au-delà de tout ce que nous demandons ou pensons » (Ephésiens 3.20).

Questions de réflexion

1. Que se produit quand un chrétien meurt? Un non croyant? Où va l'esprit d'une personne décédée?

2. Quand nous pensons voir une personne qui est morte, qu'est-ce que nous voyons? Que devrions-nous faire?

3. Pourquoi devrait-on continuer à vénérer les personnes âgées décédées si elles ne peuvent plus nous faire du mal par leur esprit?

5 LA SORCELLERIE ET LES PUISSANCES SATANIQUES

« Et qu'il [Jésus] délivrât tous ceux qui, par crainte de la mort, étaient toute leur vie retenus dans la servitude » (Hébreux 2.15).

Nombreux sont ceux qui ont peur des meurtres secrets commis par les sorciers. Si un jeune homme ou même un vieil homme décède dans le village, les gens pensent automatiquement ceci « il a été tué par un sorcier ». Certaines personnes du village passeraient alors la nuit au cimetière avec leurs arcs et flèches pour surveiller au cas où un sorcier s'y rendrait.

Quelques histoires

Dans un certain village, il y avait un père et une mère qui sont tombés malades et sont morts rapidement. Les gens de ce village ont ordonné alors aux enfants de la famille en question de quitter leur village. Ils ont dit aux enfants qu'ils mourraient et qu'il se pourrait aussi que d'autres villageois meurent. Ainsi les enfants ont été chassés de leur propre village.

Un jour deux hommes ont eu une dispute à propos d'un champ qui avait été détruit par un cochon. Le paysan a demandé au propriétaire du cochon de lui verser une compensation pour les vivres qui avaient été dévorés par le cochon. Il a refusé catégoriquement. Alors le paysan lui a dit ceci : « Si tu ne me paies pas je vais t'envoûter, et tu mourras. » Cela a fait très peur au propriétaire du cochon.

Il y avait un pasteur qui s'est rendu dans un autre village pour prêcher la bonne nouvelle de Jésus-Christ. Des mois plus tard quelqu'un lui a raconté l'histoire suivante. « Dans le passé ton arrière grand-père avait tué le chef de ce village. Par conséquent, les gens d'ici se sont préparés à t'attaquer en sorcellerie. Tu dois donc quitter ce lieu en hâte, si tu ne le fais pas tu mourras. » Que pensez-vous que ce pasteur devrait faire ?

Il y avait une chrétienne de nom qui était enceinte. Un jour elle s'est battue avec sa voisine. La voisine l'a finalement maudite en disant « Tu sera toujours enceinte sans jamais accoucher ! » Dés ce moment-là le bébé a cessé de se développer.

Considérez ces choses

Je suppose que vous avez entendu des histoires similaires à celles-ci et probablement bien plus. A plusieurs reprises, vous verrez des gens assis, racontant des histoires relatives aux sorciers ou aux personnes avec un serpent ou un pouvoir mystique qui dirigent leurs agissements. En continuant de raconter ce genre d'histoires, ils commencent à avoir peur et cela les emprisonne vraiment.

- En tant que chrétiens, que sommes-nous sensés dire à propos de ces histoires ?
- La puissance du sorcier est-elle réelle ou pas ?

- Que dit la Bible à propos de tout ceci ?

Satan est puissant

Lorsque Moïse s'est rendu chez le roi d'Egypte afin qu'il laissât partir les enfants d'Israël, le roi a refusé de l'écouter, quoique Moïse a jeté son bâton par terre qui s'est transformé en serpent. Le roi d'Egypte a fait venir des sorciers qui ont changé aussi leurs bâtons en serpents (Exode 7.11). Moïse a frappé ensuite l'eau du Nil avec son bâton et l'eau est devenu du sang. Les sorciers ont fait encore de même. Ces mots de la Bible nous montrent que Satan est puissant. Mais finalement, les sorciers ne pouvaient plus faire aucun des miracles que Moïse faisait. Alors, ils ont dit : « La puissance de Dieu a fait ceci » (Exode 8.19).

Le Nouveau Testament nous raconte l'histoire de Simon, un homme suivi par une foule nombreuse parce qu'il pratiquait la magie et la sorcellerie (Actes 8.9-11). En Actes 13.6-12 le Nouveau Testament relate aussi celle de Elymas, un adepte de sorcellerie et de magie qui ne voulait pas que les autorités reçoivent des enseignements à propos de Jésus. Voyons ce que lui dit Paul en Actes 13.10-11 « Homme plein de toute espèce de ruse et de fraude, fils du diable, ennemi de toute justice, ne cesseras-tu point de pervertir les voies droites du Seigneur ? Maintenant voici, la main du Seigneur est sur toi, tu seras aveugle. »

Il est vrai que Satan est puissant. Mais ces différentes histoires que nous venons de lire nous prouvent que la puissance de Dieu est largement au-dessus de celle de Satan.

Satan profère des mensonges

« Il a été meurtrier dès le commencement, et ne se tient pas dans la vérité, parce qu'il n'y a pas de vérité en lui. ... Il est menteur et le père du mensonge » (Jean 8.44).

Satan a le pouvoir de tuer les gens. Ceux qui ont une relation intime avec Satan peuvent pratiquer la sorcellerie ou la magie et rendre les gens malades et même les tuer. Cependant, si nous sommes de la famille de Dieu et vivons tout près de Dieu il pourra alors nous protéger contre les flèches de Satan. Dieu est capable de faire cela car sa puissance est bien plus grande que n'importe quelle puissance satanique.

Satan est un menteur. Satan encourage les gens à parler de la sorcellerie parce qu'il veut qu'ils le louent. Il voulut s'approprier la gloire de Dieu dans le ciel ; ainsi fut-il jeté dehors. Aujourd'hui, il est encore assoiffé de pouvoir. Aussi, lorsque les gens s'asseyent et racontent des histoires ayant trait à la sorcellerie ou n'importe quelle chose semblable, il est très content. Il aime qu'on le rende célèbre. Hébreux 2.15 nous dit que les gens ont peur de mourir et cela fait d'eux des prisonniers. Satan est heureux lorsque les gens s'asseyent et parlent de la sorcellerie parce que ces histoires leur font peur. Certaines des ces histoires sont vraies mais plusieurs d'entre elles sont fausses.

Nous savons que Satan est puissant mais qu'il est aussi un menteur. Il veut que les gens glorifient son nom et effraient leurs semblables au travers de ces histoires afin qu'ils vivent sous son autorité.

La puissance de Dieu est plus grande que celle de la sorcellerie

Les chrétiens ne vivent plus sous l'autorité de Satan. Nous sommes les enfants de Dieu et il nous surveille. Jésus le bon berger des brebis a dit ceci, « Je leur donne la vie éternelle ; et elles ne périront jamais, et personne ne les ravira de ma main. Mon Père, qui me les a données, est plus grand que tous ; et personne ne peut les ravir de la main de mon Père » (Jean 10.28-29).

Tu peux te réjouir si tu appartiens à Dieu car rien ne peut t'éloigner de lui. Satan n'est pas capable de te détruire.

Lisons certaines promesses de Dieu.

« L'enchantement ne peut rien contre Jacob, Ni la divination contre Israël » (Nombres 23.23).

« Celui qui demeure sous l'abri du Très-Haut repose à l'ombre du Tout-Puissant. Je dis à l'Eternel : Mon refuge et ma forteresse, mon Dieu en qui je me confie ! Car c'est lui qui te délivre du filet de l'oiseleur, de la peste et de ses ravages. Il te couvrira de ses plumes ; et tu trouveras un refuge sous ses ailes ; sa fidélité est un bouclier et une cuirasse. Tu ne craindras ni les terreurs de la nuit, ni la flèche qui vole de jour » (Psaume 91.1-5).

La puissance de Dieu est assez grande pour renverser les forces maléfiques de Satan.

Voici quelques conseils qui nous aiderons à vaincre Satan

1. Si vous trouvez des gens en train de raconter des histoires relatives à la sorcellerie, dîtes-leur : « Nous ferons mieux de ne pas raconter ce genre d'histoires parce que cela glorifie Satan. Ces genres d'histoires nous effraient et nous rendent prisonniers de Satan. » Montrez-leur certaines histoires de la Bible qui parlent de la façon dont Jésus chasse les esprits mauvais. Vous pouvez lire le Psaume 91 ou un autre passage qui parle de la puissance de Dieu.

2. Lorsqu'il est temps de se mettre au lit pour s'endormir ; priez et mettez votre famille sous la protection de Dieu pour la nuit afin que leurs vies puissent être protégées par Dieu.

3. Lorsqu'une personne malade s'entend dire qu'elle mourra parce qu'étant envoûtée par un sorcier, elle s'affaiblira et sera sans nul espoir de guérison. Son unique désir sera la mort. Si vous étiez présent qu'auriez vous fait pour l'aider ?

Faîtes leur connaître les promesses de Dieu.
- « Et vous les avez vaincus, parce que celui qui est en vous est plus grand que celui qui est dans le monde » (1 Jean 4.4).
- « Le Fils de Dieu a paru afin de détruire les œuvres du diable » (1 Jean 3.8).

- « L'enchantement ne peut rien contre Jacob, ni la divination contre Israël » (Nombres 23.23).

Dîtes à cette personne que la puissance de Jésus-Christ est plus grande que la puissance de Satan.

Priez avec eux en réclamant la protection de Dieu sur eux et le sang de Jésus-Christ qui est capable de chasser la puissance de Satan de leurs vies.

4. Gardez ceci à l'esprit : la puissance de Christ est beaucoup plus grande que celle de Satan.

« Mais dans toutes ces choses nous sommes plus que vainqueurs par celui qui nous a aimés. Car j'ai l'assurance que ni la mort ni la vie, ni les anges ni les dominations, ni les choses présentes ni les choses à venir, ni les puissances, ni la hauteur ni la profondeur, ni aucune autre créature ne pourra nous séparer de l'amour de Dieu manifesté en Jésus-Christ notre Seigneur » (Romains 8.37-39).

Questions de réflexion

1. Quelle est la meilleure réponse chrétienne a ceux qui veulent parler des choses magiques ou raconter des histoires sur Satan ?

2. Que pourrait-on répondre à quelqu'un qui nous dit que nous avons été maudits ?

3. Quelles sont les conseils qui nous aiderons à vaincre les pouvoirs sataniques ? Pourquoi mémoriser les promesses de Dieu ?

6 MAGIE ET AMULETTES

Vous entendrez certaines personnes dire : « La sorcellerie est une chose satanique. Cependant, ce vieillard est un monsieur bon qui utilise de bons trucs pour guérir les malades. Il ne fait rien de mal. C'est un monsieur bon et il nous aide. »

Une fois, j'ai entendu un chrétien dire : « Dieu nous a donné la magie et les amulettes pour nous aider ici au village. Il n'y a rien à leur reprocher. Dieu donna la sagesse à nos ancêtres pour faire ces choses, nous devons donc encore les pratiquer. Et puis ce sont nos réalités.»

Qu'avons-nous à dire à ce propos ? La magie et les amulettes sont-elles bonnes ou mauvaises ?

Qu'est-ce que dit la Bible ?

« Qu'on ne trouve chez toi personne qui exerce le métier de devin ; d'astrologue, d'augure, de magicien, d'enchanteur, personne qui consulte ceux qui évoquent les esprits ou disent la bonne aventure, personne qui interroge les morts. Car quiconque fait ces choses est en abomination à l'Eternel » (Deutéronome 18.10-12).

L'Eternel dit au peuple d'Israël, « J'exterminerai du milieu de toi tes idoles et tes statues, et tu ne te prosterneras plus devant l'ouvrage de tes mains » (Michée 5.12).

« Or, les œuvres de la chair sont manifestes ; ce sont ... l'idolâtrie, la magie ... ceux qui commettent de telles choses n'hériteront point le royaume de Dieu » (Galates 5.19-21).

« Mais pour ... les enchanteurs, les idolâtres et tous les menteurs, leur part sera dans l'étang ardent de feu et de soufre, ce qui est la seconde mort » (Apocalypse 21.8).

La Bible est très claire à propos de toutes ces choses. Nous voyons ici que Dieu est réellement contre ces pratiques démoniaques.

Les sorciers soutirent beaucoup d'argent aux gens en leur racontant des mensonges. Ils trompent les gens en leur faisant enfouir un petit caillou, une noix de cola, ou une bouteille dans la bouche en prétendant l'avoir extrait du malade. Ils mentent ainsi aux gens. Certains de leurs pouvoirs sont vrais mais ne viennent pas de Dieu. Ils utilisent la puissance de Satan.

La Bible dit que dans les derniers jours, « L'apparition de cet impie se fera ; par la puissance de Satan, avec toutes sortes de miracles, de signes et de prodiges mensongers » (2 Thessaloniciens 2.9). Par conséquent soyons nous aussi sur nos gardes afin de ne pas être ainsi trompés.

La médecine traditionnelle

Il y a une différence entre la médecine traditionnelle et les amulettes magiques. Les chrétiens ont le devoir de distinguer les amulettes magiques de la médecine traditionnelle. Comme nous l'avons déjà mentionné, les chrétiens doivent bannir toutes ces pratiques. Cependant, la médecine traditionnelle pourrait être permise.

Comment peut-on différencier les amulettes magiques de la médecine traditionnelle ?

Il existe deux signes permettant de savoir si une pratique est magique ou non. Lorsqu'un de ces signes apparaît, les chrétiens devraient alors se méfier.

Voici les deux signes de la magie.

1. Lorsqu'une personne récite des formules secrètes en administrant un médicament traditionnel, cela relève alors de la magie.

2. Quand certaines pratiques sont exclusivement réservées à un nombre très restreint d'individus, cela est alors de la magie. La médecine traditionnelle est une chose qui devrait être connue de plusieurs personnes. Sinon, elle verse dans la magie.

Ces deux choses sont les signes de la magie. Si quelqu'un doit être soigné à l'aide de la médecine traditionnelle, nous devons alors faire attention à ces deux signes. Nous devons demander la sagesse à Dieu afin d'être capables de savoir ce qui est bon et ce qui ne l'est pas. Voici ce que nous devons demander à Dieu, « Dieu, si ceci ne vient pas de toi alors je ne veux pas l'utiliser. » Après avoir prié ainsi et senti dans votre cœur que cela ne vient pas de Dieu alors abandonnez.

Quelques instructions

1. Les chrétiens ne doivent en aucun cas chercher l'assistance d'un homme ou d'une femme qui pratique soit la sorcellerie ou la magie. Nous ne devons pas posséder des amulettes qui veillent sur notre bétail, favorisent une bonne récolte, soignent des maladies ou protègent la maison. Dieu veut que nous *lui* fassions confiance en toute chose. Si vous êtes chrétien et un paysan, vous devez alors prier Dieu de bénir votre champ et de vous donner une récolte abondante.

Demandons à Dieu de veiller sur notre bétail. En plus, vous êtes priés de ne pas sacrifier vos animaux aux esprits de la brousse (ex. Caillou, arbre, rivière). Dieu est le Père et le Créateur de toutes ces choses, et il veut nous aider. La Bible dit, « Déchargez-vous sur lui de tous vos soucis, car lui-même prend soin de vous » (1 Pierre 5.7).

Lorsque nous construisons une nouvelle maison, nous ne devons jamais utiliser la magie ou y cacher des amulettes protectrices. La Bible dit : « L'ange de l'Eternel campe autour de ceux qui le craignent, et les arrache au danger » (Psaume 34.8). En croyant aux vertus protectrices de ces amulettes, vous désobéissez alors au Seigneur et ses anges ne veilleront pas sur vous. Si vous êtes un chrétien et que vous construisiez une maison, demandez à quelques chrétiens de prier avec vous pour consacrer votre maison à Dieu afin d'avoir sa bénédiction sur la maison et sur tous ceux qui viendront dans cette maison.

2. Les chrétiens, lorsqu'ils sont malades, ne doivent pas se rendre chez ceux qui pratiquent la sorcellerie et la magie. La Bible dit, « Quelqu'un parmi vous est-il malade ? Qu'il appelle les anciens de l'Eglise ; et que les anciens prient pour lui ; en l'oignant d'huile au nom du Seigneur ; la prière de la foi sauvera le malade, et le Seigneur le relèvera ; et s'il a commis des péchés, il lui sera pardonné » (1 Jacques 5.14-15). Nous les chrétiens devons toujours aller à Dieu lorsque nous sommes malades. Parce qu'il est notre Père et veut que nous lui apportons tous nos soucis, car il prend soin de nous.

3. Comment pouvons-nous briser le pouvoir de la sorcellerie et de la magie ? Voici une histoire à laquelle réfléchir. Il y avait dans un village une belle jeune femme et ses parents voulaient qu'elle épouse un chrétien, bon et mûr. Cependant, dans le village se trouvait un homme marié qui voulait la prendre pour seconde épouse. Il l'a ensorcelée avec ses amulettes d'amour afin qu'elle puisse l'aimer. Chaque jour cette jeune femme pensait à lui et rêvait de l'épouser. Certaines personnes lui ont dit : « Cet homme t'a ensorcelée, et si tu ne l'épouses pas, tu mourras. » Que devrait faire cette jeune femme ?

La puissance de Dieu est plus grande que n'importe quelle amulette d'amour ou de sorcellerie. Ainsi, ce que nous devons faire pour cette jeune dame est de prier pour elle afin que la puissance de Dieu brise la puissance satanique des amulettes d'amour et de la sorcellerie forgées contre elle. Nous devons prier pour que le sang de Jésus-Christ la protège afin que Satan ne soit pas capable de la nuire. Nous devons partager des versets bibliques avec elle pour fortifier sa foi afin qu'elle soit libérée de la force trompeuse de Satan.

Nous devons l'encourager à prononcer les paroles suivantes : « Au nom du Seigneur Jésus-Christ, je résiste maintenant à toutes les puissances sataniques et les empêche d'être à l'œuvre dans ma vie. J'ai fait alliance avec Jésus-Christ et je vis sous la protection de son sang. Satan n'a aucun pouvoir sur ma vie parce que j'ai été rachetée par le sang de Jésus sur la croix et maintenant je suis enfant de Dieu. »

De cette manière nous pouvons détruire les forces maléfiques des ténèbres telles que la sorcellerie et la magie. Jésus a remporté la victoire sur la croix ainsi nous pouvons aussi vaincre Satan en son nom.

4. Lorsque nous nous repentons et acceptons Jésus-Christ, nous devons ensuite nous débarrasser de toutes les mauvaises pratiques passées. Nous ne devons avoir aucune lien avec les puissances de Satan. Nous devons agir comme les chrétiens d'Ephèse.

« Plusieurs de ceux qui avaient cru venaient confesser et déclarer ce qu'ils avaient fait. Et un certain nombre de ceux qui avaient exercé les arts magiques, ayant apporté leurs livres, les brûlèrent devant tout le monde : on en estima la valeur à cinquante mille pièces d'argent. C'est ainsi que la parole du Seigneur croissait en puissance et en force » (Actes 19.18-20).

Lorsque nous donnons notre vie au Seigneur, nous ne devons garder aucune des puissances sataniques dans nos maisons encore moins les donner à d'autres personnes. Non ! Nous devons les brûler toutes.

Questions de réflexion

1. Comment distinguer entre les choses magiques et la médicine traditionnelle ? Discutez de quelques pratiques traditionnelles qui sont probablement mauvaises.

2. Quand une personne devient chrétienne, que devrait- elle faire avec ses possessions magiques (gris-gris, amulettes, etc.)?

3. Priez Dieu pour purifier l'endroit où vous vous réunissez. Faites la même chose pour votre lieu de travail et votre foyer.

7 JESUS A TRIOMPHE DES TENTATIONS DE SATAN

Jésus est venu sur cette terre pour détruire les œuvres de Satan. Tout le temps que Jésus était sur la terre, Satan était déterminé à combattre et à vaincre Jésus. S'il avait péché, il n'y aurait plus personne pour nous aider. Satan le savait et c'est pourquoi, il usait de toutes ses forces pour vaincre Jésus.

Quand il était enfant

Quand Jésus était enfant, le roi Hérode a essayé de le tuer. Nous voyons dans le douzième chapitre d'Apocalypse une parabole montrant que Satan était à l'origine de cette terrible chose. « Le dragon se tint devant la femme qui allait enfanter, afin de dévorer son enfant, lorsqu'elle aurait enfanté. Elle enfanta un fils, qui doit paître toutes les nations avec une verge de fer. Et son enfant a été enlevé vers Dieu et son trône » (Apocalypse 12.4-5).

Satan n'a pu pas tuer Jésus lorsqu'il était enfant. Alors il a usé de tous les moyens en son pouvoir afin de le ruiner lorsqu'il est devenu un homme.

Après son baptême

Lisez l'histoire de la tentation de Jésus en Matthieu 4.1-11 et Luc 4.1-13. Trouvez ci-dessous quelques points saillants de cette histoire.

1. Ordonne que ces pierres deviennent des pains !

Jésus avait faim, et Satan a voulu que Jésus mangeât à sa faim en utilisant sa puissance pour ordonner aux pierres de devenir des pains. Mais Jésus savait que la priorité doit être accordée à la partie spirituelle de la vie et non à la chair. Alors il a dit : « L'homme ne vivra pas de pain seulement, mais de toute parole qui sort de la bouche de Dieu » (Matthieu 4.4).

A une autre occasion, Jésus a fait un miracle en nourrissant 4 000 à 5 000 personnes avec le peu de nourriture dont elles disposaient. A ce propos, il faut remarquer que Jésus n'a pas utilisé cette puissance pour se faire plaisir, mais pour accomplir la volonté du Père. Jésus a dit : « Ma nourriture est de faire la volonté de celui qui m'a envoyé, et d'accomplir son œuvre » (Jean 4.34).

Satan nous tente aussi en nous faisant penser d'abord à nous-mêmes. Néanmoins, allons humblement devant Dieu et faisons comme Jésus l'a fait.

2. Jette-toi en bas !

Jésus nous a montré pendant sa première tentation que sa foi était solidement ancrée en Dieu. Dans la deuxième tentation Satan a pris Jésus, l'a emmené en haut du temple et lui a dit de se jeter en bas. Le temple était très élevé, et atteignait environ 100 mètres. Si Jésus mourrait en se jetant en bas cela aurait été sa fin et Satan aurait gagné le combat.

Jésus savait que ce n'était pas là le moyen choisi par Dieu pour ramener son peuple à lui. Car s'il s'était jeté en bas sans se faire aucun mal, les gens se seraient attroupés autour de lui et auraient cru. Mais ce genre de foi n'aurait pas duré.

Dieu a choisi Jésus pour qu'il meure sur la croix afin de ramener à lui son peuple. Jésus a déclaré : « Et moi, quand j'aurai été élevé de la terre, j'attirerai tous les hommes à moi » (Jean 12.32). Lorsque Jésus a dit qu'il sera élevé, il ne parlait pas de son ascension au ciel. Il parlait plutôt d'être élevé sur une croix comme Moïse a élevé le serpent dans le désert (Jean 3.14).

Jésus savait que Dieu ne lui avait pas dit de se jeter en bas depuis le haut du temple. Si Jésus s'était jeté il aurait été désobéissant à Dieu, et cela constituerait un péché contre Dieu

3. Prosterne-toi et adore moi !

Au commencement Satan a été jaloux de la gloire et de la puissance de Dieu. Maintenant, il veut rendre Jésus jaloux. Il a pris Jésus et lui a fait faire un tour. Il lui a montré tous les royaumes du monde, leur gloire et a dit à Jésus : « Je te donnerai toutes ces choses, si tu te prosternes et m'adores ». Mais Jésus n'a pas écouté les douces paroles de Satan et lui a répondu : « Retire-toi, Satan ! Car il est écrit : Tu adoreras le Seigneur, ton Dieu, et tu le serviras lui seul » (Matthieu 4.10).

De nos jours Satan nous tente de la même manière. Il nous fait désirer toutes les choses de ce monde tels que l'argent, les habits et les choses matérielles. Certains se sont égarés en permettant à ces choses de prendre la place d'adoration qui revient à Dieu. Voyons ce que la Bible dit à ce propos.

« N'aimez point le monde, ni les choses qui sont dans le monde. Si quelqu'un aime le monde, l'amour du Père n'est point en lui ; car tout ce qui est dans le monde, la convoitise des yeux, et l'orgueil de la vie, ne vient point du Père, mais vient du monde » (1 Jean 2.15-16).

Nous devons suivre l'exemple de Jésus. « Résistez au diable, et il fuira loin de vous » (Jacques 4.7).

Lorsque Jésus voyageait

Satan a tenté Jésus à travers ces trois fortes manières mais Jésus n'a pas péché. La Bible dit que Satan a quitté Jésus et a attendu un autre moment favorable pour le tenter à nouveau.

Satan utilisait aussi les frères de Jésus pour le tenter. Ses frères ne croyaient pas que Dieu l'avait envoyé aussi ont-ils dit toutes sortes de choses contre lui. « Car ses frères non plus ne croyaient pas en lui » (Jean 7.5).

Satan utilisait aussi ses disciples en leur faisant ignorer ce que Jésus essayait de leur enseigner. Un jour, les disciples de Jésus ont essayé de chasser un esprit mauvais, mais ne l'ont pas pu. Plus tard, le père de l'enfant s'est rendu auprès de Jésus et lui en ont parlé. Jésus a été fâché contre ses disciples en leur disant : « Jusqu'à quand serai-je avec vous ? Jusqu'à quand vous supporterai-je ? Amenez-le-moi ici » (Matthieu 17.17).

Un jour, Jésus était en train de dire à ses disciples qu'il allait mourir sur la croix. Satan s'est saisi de cette occasion et a utilisé Pierre en le mettant en colère contre Jésus. Jésus a dit à Pierre, « Arrière de moi, Satan ! Tu m'es en scandale, car tes pensées ne sont pas les pensées de Dieu, mais celles des hommes » (Matthieu 16.23).

Lorsque Jésus était sur le point de mourir

Après le dernier repas du Seigneur dans la chambre haute, Jésus se rendit dans le jardin de Gethsémané avec ses disciples pour prier. Dans le jardin il a expérimenté une très difficile tentation. Alors il a dit à ses disciples, « Veillez et priez, afin que vous ne tombiez pas dans la tentation » (Matthieu 26.41). Jésus était en train de penser aux choses qui lui arriveraient la nuit et le lendemain. Il pensait à comment il comparaîtrait devant le tribunal, comment il serait battu, mis à mort et tout cela l'attristait. « Etant en agonie, il priait plus intensément, et sa sueur devint comme des grumeaux de sang, qui tombaient à terre » (Luc 22.44).

Dieu avait choisi que Jésus meure (Romains 3.25). Si Jésus avait désobéi à Dieu, nous serions perdus à jamais dans les mains de Satan. Il n'y aurait plus aucun moyen de pardon de nos péchés. Satan savait que tout le monde a peur de mourir, alors il a voulu que Jésus essaye d'échapper à la croix. Jésus a prié, et il a remporté la victoire sur Satan par sa prière. Il dit, « Père ... Toutefois, que ma volonté ne se fasse pas, mais la tienne » (Luc 22.42). Jésus était ferme dans sa prière d'obéissance et il était fortifié dans son cœur pour affronter la mort sur la croix. Jésus a vaincu Satan par son obéissance.

Jésus a triomphé des tentations de Satan

Pendant que Jésus était encore sur cette terre, Satan a essayé tous les moyens en son pouvoir pour lui faire du mal et le tenter, mais Jésus est allé jusqu'à la mort à la croix sans être tenté et sans pécher. Satan savait que Jésus avait une chair comme nous et pouvait faire l'expérience de la colère, de la douleur et aussi de la joie lorsqu'il était encore sur cette terre. Donc, Satan savait que c'était le moment opportun pour détruire le travail que Dieu s'était occupé à accomplir. Satan a essayé tout ce qui était en son pouvoir mais a été bel et bien vaincu par Jésus. « Il a été tenté comme nous en toutes choses, sans commettre de péché » (Hébreux 4.15). Jésus a remporté la victoire. Il a vaincu Satan et toutes ses tentations.

Questions de réflexion

1. Comment Jésus a-t-il utilisé les écritures pendant ses tentations ?

2. Comment Satan a-t-il utilisé les parents de Jésus pour le tenter ?

3. Comment pouvons-nous combattre les tentations de Satan ? Trouvez un verset biblique qui défiera Satan lorsque vous serez tenté et mémorisez-le !

8 JESUS A OBTENU LA VICTOIRE SUR LA CROIX

Jésus avait été choisi par Dieu afin qu'il meure (Romains 3.25). Dans l'Ancien Testament, le prophète Esaïe a dit « Mais il était blessé pour nos péchés, brisé pour nos iniquités ; le châtiment qui nous donne la paix est tombé sur lui, et c'est par ses meurtrissures que nous sommes guéris. ... Il a été enlevé par l'angoisse et le châtiment ; et parmi ceux de sa génération, qui a cru qu'il était retranché de la terre des vivants et frappé pour les péchés de mon peuple ? » (Esaïe 53.5, 8).

Jésus savait que ces paroles étaient écrites à son propos et aussi de sa mort sur la croix, mais Satan a essayé tous les moyens pour convaincre Jésus de se détourner de la croix.

Satan voulait tuer Jésus

Satan savait que Jésus était le Fils de Dieu et il cherchait les moyens de le faire mourir. Il a essayé d'utiliser le roi Hérode pour faire mourir Jésus lorsqu'il était enfant. Mais Dieu a envoyé un ange à Joseph pour lui dire de s'enfuir avec l'enfant Jésus et Marie en Egypte.

Lorsque Satan a tenté Jésus, il l'a emmené au sommet du temple et lui a demandé de se jeter en bas. Satan aurait été plus qu'heureux si Jésus s'était jeté en bas et s'était fait mal.

Jésus a commencé son ministère de prédication de la bonne nouvelle à Nazareth. Mais les gens de Nazareth n'ont pas cru que Jésus était le Fils de Dieu. Une fois ils ont essayé de le jeter du haut d'une montagne et le faire mourir, mais Jésus a marché au milieu d'eux sans qu'ils ne puissent lui faire aucun mal.

Une autre fois, après plusieurs jours de prédication et de guérison des malades, Jésus était très fatigué. Il est monté dans la barque de Pierre et s'est endormi profondément lorsqu'une terrible tornade a menacé de la renverser. Pierre était un pêcheur et pendant plusieurs années avait pêché dans ces eaux. Il a été très effrayé et a appelé Jésus au secours. Jésus s'est réveillé et a ordonné au vent et à la mer de se calmer. Certaines personnes pensent que Satan était dans cette tornade essayant de faire mourir Jésus, sans succès.

Les situations pendant lesquelles Jésus pouvait mourir ont été multiples, mais il a triomphé d'elles toutes. Jean a dit : « Ils cherchaient donc à se saisir de lui, et personne ne mit la main sur lui, parce que son heure n'était pas encore venue » (Jean 7.30). Satan a cherché tous les moyens possibles pour faire du mal à Jésus et l'empêcher d'accomplir la tâche que son Père lui avait confiée, mais Dieu eut le dernier mot dans tout ceci. Dieu seul a le dernier mot dans tout ce qui nous arrive dans notre vie.

Jésus est allé à la croix à ce moment particulier parce que c'était le temps choisi par Dieu. Dans sa prière en Jean 17.1 Jésus a dit, « Père, l'heure est venue ! » Après avoir prié il est sorti de la maison et s'est rendu dans le jardin de Gethsémané.

Jésus obéit à Dieu jusqu'à la mort

Satan essayait de convaincre Jésus de se détourner de la croix. Satan a promis à Jésus de lui donner tous les royaumes de ce monde s'il se prosternait devant lui et l'adorait. Mais Jésus lui a dit : « Retire-toi, Satan ! Car il est écrit : Tu adoreras le Seigneur, ton Dieu, et tu le serviras lui seul ! » (Matthieu 4.10).

Les gens étaient étonnés de voir le miracle pendant lequel Jésus a multiplié cinq pains et deux poissons pour nourrir une foule de 5 000 personnes. Ils étaient si excités qu'ils ont voulu faire de lui roi. Après les avoir nourri il a renvoyé la foule et les disciples. Les disciples ont pris la barque pour passer de l'autre côté du lac et il est allé seul au sommet d'une montagne. Il a prié jusqu'à minuit. Cette réaction du peuple était une tentation de Satan pour trouver un moyen facile à Jésus de devenir roi. Mais Jésus savait que ceci n'était pas le chemin que Dieu avait choisi pour lui. Ainsi après s'être retiré et avoir prié, il a été capable de vaincre la tentation avec la puissance de Dieu.

Un jour Jésus a commencé à parler aux disciples leur disant qu'il devait se rendre à Jérusalem, souffrir plusieurs choses et être mis à mort. Pierre a été choqué par les paroles de Jésus et l'a critiqué en ces termes : « A

Dieu ne plaise, Seigneur ! Cela ne t'arrivera pas. Mais Jésus, se retournant, dit à Pierre : Arrière de moi, Satan ! Tu m'es en scandale ; car tes pensées ne sont pas les pensées de Dieu, mais celles des hommes » (Matthieu 16.21-23). Jésus savait que Satan voulait qu'il se détourne de la croix.

Jésus savait que mourir sur la croix est une chose honteuse. Il était semblable à tous les autres hommes et n'aurait pas aimé mourir. Il connaissait toutes les moqueries et souffrances qu'il devait endurer avant d'être cloué sur la croix. Toutes ces pensées enclines à le détourner de la croix le submergèrent très fortement au jardin de Gethsémané.

Au-delà de toute cette souffrance physique il y avait un problème plus grand que Jésus devait affronter. Il devait porter tous nos péchés sur la croix. Et ce fardeau était plus insupportable que tous les autres. Cependant, Jésus faisait toujours ce que voulait son Père. Dieu était toujours content de lui. Maintenant, il devait se charger de nos péchés. Jésus a vu que tout ce qu'il allait supporter était beaucoup trop pour lui, alors au jardin de Gethsémané, il s'est mis à genoux et a prié intensément afin que cette souffrance se soit éloignée de lui, dans la mesure du possible. Voici sa prière : « Abba, Père, toutes choses te sont possibles, éloigne de moi cette coupe ! Toutefois, non pas ce que je veux, mais ce que tu veux » (Marc 14.36). A ce qu'on sache ceci a été la plus grande des tentations qu'il a eu à endurer. Ses disciples étaient endormis et il était seul. La Bible nous dit que sa sueur à cette heure de la prière coulait et ressemblait à du sang.

Mais Jésus a retrouvé la force par la prière et dominant le désir de se détourner de la croix, il était prêt pour accomplir la volonté de son Père.

Le plus grand désir de Satan était d'amener Jésus à désobéir à Dieu. Pendant qu'il était suspendu à la croix, le désir est venu constamment à son esprit. Dans le lieu de la crucifixion, se tenaient les principaux sacrificateurs et les docteurs de la loi qui ont déclaré : « Que le Christ ... descende maintenant de la croix, afin que nous voyions et que nous croyions ! » (Marc 15.32). Les soldats qui avaient cloué Jésus sur la croix ont dit aussi : « Si tu es le roi des Juifs, sauve-toi toi-même » (Luc 23.37). Et l'un des voleurs qui était aussi crucifié a dit, « N'es-tu pas le Christ ? Sauve-toi toi-même, et sauve-nous aussi ! » (Luc 23.39). Lorsque Jésus a affirmé « Tout est accompli », il savait qu'il avait remporté la victoire sur Satan. Il avait respecté la volonté de son Père sans pécher.

Si Jésus avait désobéi à Dieu et s'était détourné de la croix, il serait incapable de nous aider aujourd'hui et nous serions tous perdus dans les mains de Satan. Il n'y aurait aucun moyen pour le pardon de nos péchés. Vu que Satan savait que tout le monde a peur de mourir, son objectif était d'amener Jésus à se détourner de la mort sur la croix. Mais au jardin de Gethsémané, Jésus a prié sur place et a remporté la victoire. Jésus s'était résolu à respecter la volonté de son Père jusqu'à sa mort. De par son obéissance, Jésus a vaincu Satan.

Jésus a vaincu Satan au lieu où se trouvent les morts

Quand Jésus est mort, son corps a été déposé dans la tombe tandis que son esprit est allé au séjour des morts. Nous ignorons tout ce qui s'est passé durant ce temps-là, mais la Bible affirme : « Quant à l'Esprit — dans lequel aussi il est allé prêcher aux esprits en prison » (1 Pierre 3.19). Cette prison appartient aux morts. Jésus ne s'y est pas rendu pour prêcher afin qu'ils se repentent, mais plutôt, pour leur dire qu'il a vaincu Satan. Dieu a dit dans le jardin d'Eden qu'un enfant né d'une femme marcherait sur la tête du serpent et que le serpent lui mordrait le talon (Genèse 3.15). Lorsque Jésus se rendit au séjour des morts, il avait déjà marché sur la tête du serpent. Jésus n'était pas prisonnier là-bas. Pas du tout ! Puisque Jésus n'avait jamais péché, Satan n'avait aucun pouvoir de le retenir. Jésus est ressuscité d'entre les morts et : « est à la droite de Dieu, depuis qu'il est allé au ciel, et que les anges, les autorités et les puissances, lui ont été soumis » (1 Pierre 3.22).

Paul dit : « Or que signifie : Il est monté, sinon qu'il est aussi descendu dans les régions inférieures de la terre ? Celui qui est descendu, c'est le même qui est monté au-dessus de tous les cieux, afin de remplir toutes choses » (Ephésiens 4.9-10).

Nous pouvons nous réjouir ! Jésus a remporté le combat contre Satan. Il a remporté la victoire aussi bien sur la terre que dans le séjour des morts. Il est maintenant assis sur le trône et est le roi du ciel et de la terre.

Jésus a vaincu, et il n'y a plus de place disponible pour Satan à gouverner. La Bible dit : « Il l'a déployée en Christ, en le ressuscitant des morts, et en le faisant asseoir à sa droite dans les lieux célestes, au-dessus de toute domination, de toute autorité, de toute puissance, de toute dignité, et de tout nom qui se peut nommer, non seulement dans le siècle présent, mais encore dans le siècle à venir » (Ephésiens 1.20-21).

Le salaire du péché c'est la mort. Mais Jésus n'avait pas péché et Satan n'avait aucun moyen pour le retenir dans le séjour des morts. Jésus a vaincu Satan et maintenant il dit : « J'étais mort ; et voici, je suis vivant aux siècles des siècles. Je tiens les clefs de la mort et du séjour des morts » (Apocalypse 1.18). Avant son ascension il a affirmé : « Tout pouvoir m'a été donné dans le ciel et sur la terre. Allez, faites de toutes les nations des disciples » (Matthieu 28.18-19).

Donnons gloire et honneur à Dieu. Nous avons la bonne nouvelle à annoncer à tous les gens du monde. Voici quelques points essentiels de cette Bonne Nouvelle :

- Jésus a déjà vaincu Satan.
- Jésus a remporté la victoire sur les esprits mauvais.
- Jésus a triomphé du péché.
- Jésus a triomphé de la mort.
- Jésus a triomphé de la tombe.
- Jésus a triomphé des puissances de la forteresse de l'enfer.

Jésus a porté les péchés de toute la race humaine

Jésus a obéi et a fait la volonté de son Père jusqu'à la mort sur la croix et c'est de cette manière qu'il a vaincu Satan. Nous avons tous péché et sommes tenus de comparaître au jugement de Dieu. Qui est digne de nous aider ? Alléluia ! Jésus a emporté tous nos péchés lorsqu'il est mort et maintenant nous pouvons aussi vaincre la puissance du péché et Satan par lui.

« Lui qui a porté lui-même nos péchés en son corps sur le bois, afin que morts aux péchés nous vivions pour la justice » (1 Pierre 2.24).

Lorsque Jésus allait à la croix il portait sur lui le péché et la honte de tous les gens de ce monde. « Celui qui n'a point connu le péché, il l'a fait devenir péché pour nous » (2 Corinthiens 5.21). Ainsi Jésus a vaincu Satan.

Nous avons déjà pris connaissance d'un des noms de Satan : « l'accusateur ». Puisque Jésus a porté tous nos péchés, la Bible dit : « Il n'y a donc maintenant aucune condamnation pour ceux qui sont en Jésus-Christ » (Romains 8.1). Jésus a enlevé le péché de tous ceux qui se sont repentis et ont cru en lui. Ainsi, Satan n'a plus le droit de nous accuser.

« Qui accusera les élus de Dieu ? C'est Dieu qui justifie ! Qui les condamnera ? Christ est mort ; bien plus, il est ressuscité, il est à la droite de Dieu, et il intercède pour nous ! » (Romains 8.33-34).

Jésus a vaincu la mort

Il y a une grande chose dans ce monde que tout le monde à la surface de cette terre redoute, et cette chose c'est la mort. Pourtant la Bible dit que, « Il délivra tous ceux qui, par crainte de la mort, étaient toute leur vie retenus dans la servitude » (Hébreux 2.15).

Lorsque Jésus est mort et qu'il a ressuscité d'entre les morts, il a triomphé de la puissance de la mort. Jésus a ressuscité des gens comme Lazare d'entre les morts. Mais plus tard ces gens sont morts à nouveau. Cependant, la résurrection de Jésus était très différente « Sachant que Christ ressuscité des morts ne meurt plus ; la mort n'a plus de pouvoir sur lui » (Romains 6.9).

Vu que Jésus a ressuscité d'entre les morts, nous également, ressusciterons d'entre les morts. La mort ne peut faire aucun mal aux chrétiens. Pas du tout. Pour nous, la mort est comme une porte qui s'ouvre devant nous pour entrer dans les joies de notre Seigneur. Nous pouvons alors tous nous réjouir et dire : « O mort, où est ta victoire ? O mort, où est ton aiguillon ? L'aiguillon de la mort, c'est le péché ; et la puissance du péché c'est la loi. Mais grâces soient rendues à Dieu, qui nous donne la victoire par notre Seigneur Jésus-Christ ! » (1 Corinthiens 15.55-57).

Jésus a remporté la victoire sur la croix

Ecoutez très bien ce que les paroles de Colossiens 2.14-15 ont à nous dire, « Il a effacé l'acte dont les ordonnances nous condamnaient et qui subsistait contre nous, et il l'a détruit en le clouant à la croix ; il a dépouillé les dominations et les autorités, et les a livrées publiquement en spectacle, en triomphant d'elles par la croix. » Il n'y a aucun doute à se faire à ce propos : Jésus a remporté la victoire à sur la croix. Si nous bâtissons nos fondations sur le Seigneur Jésus-Christ, Satan et ses ouvriers n'auront aucune autorité pour nous accuser et nous effrayer. Non. Ils sont devenus impuissants.

Questions de réflexion

1. Pourquoi Satan voulait tuer Jésus ?

2. « Jésus a porté les péchés de toute la race humaine. » Qu'est-ce que cela signifie ? Jésus a-t-il honoré son Père même en mourant d'une mort honteuse ? Comment le savons-nous ?

3. Quelle est la différence entre la résurrection de Jésus et celle de Lazare ?

4. Est-ce qu'un chrétien doit craindre la mort ? Pourquoi ?

9 L'ARMEE DE DIEU PEUT VAINCRE L'ARMEE DE SATAN

Ceux qui ne vivent pas sous la direction de Jésus-Christ sont automatiquement dans les mains de Satan. Satan a le pouvoir de contrôler la vie des gens, et nous voulons savoir, d'où lui vient cette autorité ? Qui la lui a donnée ? Est-ce Dieu qui la lui a donnée ou se l'est-il attribuée par sa propre force ? Qu'en pensez-vous ?

Quelle est l'origine de la puissance de Satan ?

Quand Dieu a créé ce monde, aucun droit n'a été donné à Satan pour contrôler ne serait-ce qu'une seule de ses parties. Ce fut uniquement à Adam et Eve que l'autorité a été donnée. Dieu les a bénis et a dit : « Soyez féconds, multipliez-vous, remplissez la terre, et assujettissez la ; et dominez sur les poissons de la mer, sur les oiseaux du ciel, et sur tout animal qui se meut sur la terre » (Genèse 1.28).

Lorsque Satan est venu tromper Adam et Eve, il ne s'est pas présenté comme un ange puissant. Il a plutôt pris l'aspect d'un serpent, un animal ordinaire. Dieu dit à Adam et Eve, « Dominez sur les poissons de la mer, sur les oiseaux du ciel, et sur tout animal qui se meut sur la terre » (Genèse 1.28). Ils avaient le droit de dire « tais-toi ! » au serpent, mais ils ne l'ont pas fait. Ils ont obéi à Satan et ont désobéi à Dieu.

Ce fut à cause du péché d'Adam et d'Eve que Satan a été capable d'acquérir le pouvoir de contrôler le monde. « Le monde entier est sous la puissance du malin » (1 Jean 5.19). Nous devons nous sentir très attristés à propos de cette situation.

Dieu refuse de le laisser au contrôle

Dieu a donné l'autorité à nos premiers parents (Adam et Eve) mais ils ont jeté loin d'eux cette autorité et Satan s'en est approprié. Alors Satan a pris contrôle de tout ce qui se trouve sur la terre, y compris nous. Depuis le moment où Adam a péché jusqu'à nos jours, Dieu n'a jamais voulu nous voir livrés aux mains de Satan. Il nous aime et veut nous aider. Bien que ce soit notre propre péché qui nous ait attiré tous ces problèmes.

Nous lisons dans l'Ancien Testament que Dieu appelait le peuple d'Israël et d'autres nations à quitter le royaume de Satan et à venir dans sa famille.

Puis Dieu a envoyé son Fils unique, Jésus-Christ, qui est venu ici-bas pour détruire les œuvres de Satan. Jésus est venu afin de nous montrer les voies pour quitter les mains de notre ennemi et devenir ainsi les propres enfants de Dieu.

« Celui qui pèche est du diable, car le diable pèche dès le commencement. Le Fils de Dieu a paru afin de détruire les œuvres du diable. Quiconque est né de Dieu ne pratique pas le péché, parce que la semence de Dieu demeure en lui ; et il ne peut pécher parce qu'il est né de Dieu » (1 Jean 3.8-9).

Le chemin a été ouvert pour que les gens partent libre

Dans le premier chapitre du livre des Actes, il n'y avait que peu de personnes qui suivaient Jésus. Plus loin, nous lisons que les apôtres ont travaillé avec beaucoup de courage pour prêcher la bonne nouvelle et grâce à cela des milliers de personnes sont venu dans la famille de Dieu.

« La parole de Dieu se répandait de plus en plus, et le nombre des disciples augmentait » (Actes 12.24).

« Les Eglises se fortifiaient dans la foi, et augmentaient en nombre de jour en jour » (Actes 16.5).

Depuis le temps des Apôtres jusqu'à nos jours, Dieu utilise les prédicateurs de sa parole. Avec son Esprit il convainc les cœurs de ceux qui ouvrent leurs oreilles et reçoivent Jésus dans leur vie. Il y a un certain nombre de bonnes choses qui arrivent toutes les fois qu'une personne vient au Seigneur. En voici trois :

- Il y a de la joie devant les anges de Dieu et devant Dieu (Luc 15.10).
- Le nombre de ceux qui sont avec Satan diminue (Colossiens 1.13).
- Le nombre de ceux qui sont avec Dieu augmente (Colossiens 1.13).

La prédication de la parole de Dieu est une tâche très importante. « Ainsi j'ai un vif désir de vous annoncer aussi l'Evangile ... car je n'ai point honte de l'Evangile : c'est une puissance de Dieu pour le salut de quiconque croit » (Romains 1.15-16). Les hommes qui sont dans les rangs de Dieu sont capables de vaincre les forces de Satan par la prédication de la bonne nouvelle.

L'armée de Dieu peut vaincre l'armée de Satan

Nous sommes engagés dans une grande bataille. Nous ne pouvons pas vaincre Satan par nos propres forces. Mais Dieu est avec nous.

« Parce que tout ce qui est né de Dieu triomphe du monde » (1 Jean 5.4).

« Nous savons que quiconque est né de Dieu ne pèche point ; mais celui qui est né de Dieu se garde lui-même, et le malin ne le touche pas » (1 Jean 5.18).

« Le Dieu de paix écrasera bientôt Satan sous vos pieds » (Romains 16 :20).

Dieu nous a donné tout ce dont nous avons besoin pour gagner ce combat. Rendons grâce à Dieu et travaillons courageusement pour lui. Nous avons la protection de Dieu sur nous et Satan n'a aucun moyen de nous faire du mal ou de nous toucher. Nous pouvons nous en réjouir. Combattons courageusement, tout en sachant que l'armée de Dieu peut vaincre l'armée de Satan.

Questions de réflexion

1. Lorsque Satan est venu tromper Adam et Eve, pourquoi ne s'est-il pas présenté comme un ange puissant ?

2. « Une fois que nous devenons chrétiens, Satan n'a dans nos vies que le pouvoir que nous lui permettons d'avoir. » Etes-vous d'accord avec cette phrase ? Pourquoi ?

3. Pourquoi la prédication est tellement importante ? Priez chaque jour pour votre prédicateur.

10 NOUS DEVONS NOUS REVETIR DE TOUTES LES ARMES DE DIEU

« Tenez donc ferme : ayez à vos reins la vérité pour ceinture ; revêtez la cuirasse de la justice ; mettez pour chaussure à vos pieds le zèle que donne l'Evangile de paix ; prenez par-dessus tout cela le bouclier de la foi, avec lequel vous pourrez éteindre tous les traits enflammés du malin ; prenez aussi le casque du salut, et l'épée de l'Esprit, qui est la parole de Dieu. Faites en tout temps par l'Esprit toutes sortes de prières » (Ephésiens 6.14-18).

Quelles sont ces armes dont nous sommes supposés nous revêtir ?

Aux temps de Paul, l'armée romaine tout comme les autres armées portaient des habits spéciaux appelés armure lors des batailles. Cette armure aidait à protéger les soldats contre les armes de leurs ennemis. De cette manière ils pouvaient se rendre directement à la bataille sans grande crainte.

Nous chrétiens devons aussi nous revêtir des armes qui vont nous aider à résister à Satan afin que nous ne soyons pas atteints.

Ayez à vos reins la vérité pour ceinture

Satan est le père du mensonge (Jean 8.44). Jésus est la vérité (Jean 14.6). Si nous voulons vaincre Satan nous aurons alors besoin de nous détourner de toutes sortes de mensonges et de tromperies.

Certaines personnes mentent pour couvrir leurs mauvais comportements et ceux de leurs proches. Ce genre de pratique doit cesser.

Certaines personnes mentent lorsqu'elles racontent des histoires. Elles veulent rendre leurs histoires plus intéressantes alors, elles brodent.

Certains pensent que les petits mensonges sont permis. Ceci n'est pas vrai. Si nous voulons vaincre Satan nous devons alors nous détourner de toute sorte de mensonge.

Revêtez la cuirasse de la justice

Une cuirasse est une chose très importante pour un soldat parce qu'elle protège sa poitrine. Vivre dans la justice est aussi important pour nous chrétiens et cela doit nous tenir à cœur afin de nous prémunir des flèches que Satan décoche contre nous.

Ne pensez pas que les petits mensonges sont permis et ne doivent pas être pris au sérieux. Dieu nous a appelés à vivre une vie pure et sainte. Nous devons nous revêtir de la cuirasse de la justice comme nos habits de tous les jours afin de vivre une vie pure et sainte.

« La nuit est avancée, le jour approche. Dépouillons-nous donc des œuvres des ténèbres, et revêtons les armes de la lumière. Marchons honnêtement, comme en plein jour, loin des excès et de l'ivrognerie, de la luxure et de l'impudicité, des querelles et des jalousies. Mais revêtez-vous du Seigneur Jésus-Christ, et n'ayez pas soin de la chair pour en satisfaire les convoitises » (Romains 13.12-14).

Il y a des moments où Satan nous approche et nous dit : « C'est bien, allez-y et faites ça parce que personne ne le sait. » Faites attention ! C'est un mensonge de Satan. Ce qu'il veut, c'est que vous ôtiez votre cuirasse de votre poitrine. Certains dirigeants de l'église qui font l'œuvre de Dieu, tombent dans le péché parce qu'ils n'ont pas tenu fermement à leur cuirasse de justice, et Satan triomphe facilement d'eux.

Mettez à vos pieds le zèle que donne l'Evangile de paix

Le message principal de la bonne nouvelle est : Jésus est mort pour apporter la paix entre Dieu et l'homme. Si nous vivons en paix avec Dieu nous vivrons aussi en paix avec nos frères. Satan ne veut pas que nous vivions en paix. Alors, il s'attelle toujours à essayer de briser cette paix et unité. Au chapitre six du livre des Actes nous voyons comment il a réussi à diviser deux groupes, les Hébreux d'un côté et les Grecs de l'autre. Si les chrétiens se disputent et se divisent, ils éliminent leurs possibilités de travailler ensemble pour combattre Satan. Travaillons alors dur pour maintenir cette paix.

Jésus a prié en ces termes : « Père saint, garde en ton nom ceux que tu m'as donnés, afin qu'ils soient un comme nous » (Jean 17.11). Si nous ne vivons pas en paix avec nos frères, il est hors de question pour nous de prêcher la bonne nouvelle ou d'amener d'autres à Christ. Et ce serait plus facile pour Satan de nous jouer des tours. A ce propos Paul dit : « Si vous vous mettez en colère, ne péchez point ; que le soleil ne se couche pas sur votre colère, et ne donnez pas accès au diable » (Ephésiens 4.26-27).

Si vous n'abandonnez pas votre colère et les mauvaises humeurs de votre vie alors il n'y a pas de possibilité pour vous d'avoir la paix. Mais si vous les abandonnez vous aurez la paix de Dieu sur vous et vous serez capable de vaincre Satan. La Bible dit : « Le Dieu de paix écrasera bientôt Satan sous vos pieds » (Romains 16.20).

Le bouclier de la foi

« Prenez par-dessus tout cela le bouclier de la foi, avec lequel vous pourrez éteindre tous les traits enflammés du malin » (Ephésiens 6.16).

Soyons fortifiés dans notre foi en le Seigneur. Des temps, pendant lesquels vous affronterez des tentations, des divisions et des troubles viendront. En de pareils moments accrochez-vous à la foi que vous professez. Dieu vous protégera dans ses mains et Satan n'aura aucun moyen de vous faire du mal.

« Je t'aime, ô Eternel, ma force ! Eternel, mon rocher, ma forteresse, mon libérateur ! Mon Dieu, mon rocher, où je trouve un abri ! Mon bouclier, la force qui me sauve, ma haute retraite ! Je m'écrie : Loué soit l'Eternel ! Et je suis délivré de mes ennemis » (Psaume 18.2-4).

David avait une forte foi en Dieu, et ceci lui donnait une grande force. C'est pour cela qu'il louait Dieu. Satan a plusieurs flèches qu'il veut décocher contre nous. Au préalable, il les fait rougir au feu, non seulement pour nous tuer mais aussi pour détruire nos foyers et nos familles.

Satan travaille durement pour vaincre la parole de Dieu afin d'affaiblir notre foi. Cependant nous devons nous accrocher à notre foi et résister aux mensonges de Satan.

Certaines des flèches de Satan ont pour objectif de nous effrayer. « Votre adversaire, le diable, rôde comme un lion rugissant, cherchant qui il dévorera » (1 Pierre 5.8). Lorsque les gens entendent de très loin les rugissements d'un lion, ils en deviennent vraiment effrayés. De même, Satan court par-ci et par-là en s'adonnant à la même chose. Il nous effraie et nous donne beaucoup d'inquiétude. Je le répète, nous devons nous accrocher à notre foi et la partager avec d'autres.

« Ils l'ont vaincu à cause du sang de l'agneau et à cause de la parole de leur témoignage, et ils n'ont pas aimé leur vie jusqu'à craindre la mort » (Apocalypse 12.11). Nous ne devons pas avoir honte de partager notre foi, nous pouvons dire avec confiance, « Jésus m'a racheté par son sang. Satan je ne suis plus de ton côté, et tu n'as aucun droit de m'effrayer ou me tromper. Je suis fermement collé au Seigneur Jésus-Christ. » De cette manière nous nous accrochons à notre foi et résistons aux flèches enflammées de Satan.

Prenez aussi le casque du salut

« Prenez aussi le casque du salut » (Ephésiens 6.17). Le casque du salut est une partie importante de l'armure parce qu'il protège la tête des tirs de l'ennemi. « Jésus a payé un grand prix pour moi ». Nous devons avoir à l'esprit ces paroles lorsque nous nous engageons dans un combat contre Satan.

Vous devez dire non à Satan lorsqu'il vient vous tenter et lui déclarer : « Jésus a payé un grand prix pour moi ! ». Quand nos amis ou nos parents essayent de nous persuader de faire ce qui est mal, nous devons dire : « Pas question. Jésus a payé un très grand prix pour moi ! »

Nous ne sommes pas devenus des Chrétiens par notre propre force. Nous sommes du côté de Dieu parce que Jésus nous a rachetés par son sang.

Nous devons être contents et remercier Dieu pour l'œuvre que Jésus a accompli pour nous sur la croix. Ceci doit être constamment gardé en tête afin de résister fermement et vaincre Satan.

Revêtez-vous chaque jour des armes de Dieu

« C'est pourquoi, prenez toutes les armes de Dieu, afin de pouvoir résister dans le mauvais jour, et tenir ferme après avoir tout surmonté » (Ephésiens 6.13).

Les soldats sont toujours revêtus de leurs armures toutes les fois qu'ils sortent pour combattre. Nous devons en faire de même, nous revêtir de notre armure chaque jour. Pour être capable de vaincre Satan nous devons fouiller et peser nos vies et donner à chaque arme de Dieu sa place respective dans nos vies.

Nous devons nous revêtir de toutes les armes de Dieu

- La vérité doit nous servir de ceinture.
- La justice doit devenir la cuirasse de notre poitrine.
- La préparation à prêcher la bonne nouvelle nous sert de chaussures.
- La foi est notre bouclier.
- L'acceptation du salut de Dieu est notre casque.

Dieu nous a donné toutes ces armes afin d'empêcher Satan de nous faire du mal. Il y a encore d'autres armes qui sont aussi à notre disposition pour nous aider à vaincre Satan. Nous allons maintenant considérer certaines de ces armes qui peuvent nous aider à vaincre Satan.

Questions de réflexion

1. « Un dicton dit : « Mieux vaut un mensonge qui répare qu'une vérité qui divise. » Qu'en pensez-vous ? Est-il juste de dire un mensonge afin de protéger un membre de sa famille? Pour gagner de l'argent? Qui est le père des mensonges?

2. Décrivez l'armure de Dieu et comment vous pouvez la porter chaque jour ?

3. Pourquoi l'armure est-elle si importante ?

11 NOS ARMES POUR LE COMBAT

Il nous est dit de nous revêtir de toutes les armes de Dieu afin que Satan ne puisse pas nous faire du mal. Satan ne peut pas nous vaincre si nous sommes revêtus de cette armure. Nous devons chaque jour être revêtus de notre armure et être sur nos gardes, prêts pour combattre Satan. Nous devons être debout et combattre courageusement pour chasser Satan afin de ramener ceux qui sont encore emprisonnés par lui. En plus des armes que nous avons déjà citées, Dieu nous a donné d'autres armes pour nous rendre capable de combattre et briser les forteresses de Satan.

« Si nous marchons dans la chair, nous ne combattons pas selon la chair. Car les armes avec lesquelles nous combattons ne sont pas charnelles ; mais elles sont puissantes par la vertu de Dieu, pour renverser des forteresses. Nous renversons les raisonnements » (2 Corinthiens 10.3-5).

Nous ne combattons pas Satan avec notre propre force. Pas du tout. C'est seulement avec le Saint-Esprit que nous sommes capable de combattre l'esprit de ce monde. Dieu nous a donné de très puissantes armes à utiliser pour vaincre Satan. Nous allons maintenant les étudier individuellement.

L'épée de l'Esprit

« Et prenez l'épée de l'Esprit, qui est la parole de Dieu » (Ephésiens 6.17). Cette épée nous aide à faire deux choses.

1. Vaincre la tentation

Jésus nous a montré la manière de vaincre Satan. Lorsque Jésus était tenté par Satan, il ne s'était pas contenté de répondre par la première parole qui lui venait en tête. A chaque occasion il a répondu par une citation biblique. Ne pensons pas que Jésus utilisait une force surnaturelle pour vaincre facilement Satan. Jésus était humain comme nous, mais il utilisait la parole de Dieu pour vaincre Satan. Par conséquent, nous pouvons aussi utiliser la parole de Dieu pour vaincre Satan.

Jésus a étudié la parole de Dieu et en a mémorisé une très grande partie. Ceci s'applique aussi à nous. Nous devons lire la parole de Dieu et cacher des versets bibliques dans nos cœurs afin d'avoir la force de tenir ferme contre Satan.

2. Aider les autres à venir à Jésus

Lorsque nous sommes engagés dans le processus d'aider les autres personnes à venir à Jésus, nous sommes en même temps en train de combattre Satan. Simplement parce que Satan ne veut pas que cette autre personne puisse se repentir. Dans ce cas, la Parole de Dieu est la meilleure des armes à utiliser contre Satan. Paul a dit, « Je n'ai point honte de l'Evangile : c'est une puissance de Dieu pour le salut de quiconque croit » (Romains 1.16). La bonne nouvelle de Jésus-Christ a le pouvoir de changer les vies. La Bible est utilisée comme une épée pour pénétrer dans les profondeurs des cœurs des hommes.

« Car la parole de Dieu est vivante et efficace, plus tranchante qu'une épée quelconque à deux tranchants, pénétrant jusqu'à partager âme et esprit, jointures et mœlles » (Hébreux 4.12).

La parole de Dieu nous aide de deux manières à vaincre Satan.

- Elle nous aide à vaincre les tentations de Satan.
- Elle est la puissance de Dieu qui libère les gens de la prison de Satan.

La prière

« Prenez aussi l'épée de l'Esprit, qui est la parole de Dieu. Faites en tout temps par l'Esprit toutes sortes de prières » (Ephésiens 6.17-18). La prière doit toujours travailler de concert avec la parole de Dieu. Si nous prêchons la parole de Dieu sans beaucoup prier, nos paroles ont alors une puissance infime pour changer des vies.

En Actes, chapitre six, les apôtres considérant leur travail ont dit : « Et nous, nous continuerons à nous appliquer à la prière et au ministère de la parole » (v. 4).

La prière était une chose très importante dans la vie de Paul. A ce propos, il dit : « Et ma parole et ma prédication ne reposaient pas sur les discours persuasifs de la sagesse, mais sur une démonstration d'Esprit et de puissance » (1 Corinthiens 2.4).

La prière était aussi importante dans la vie de Jésus. « Et lui, il se retirait dans les déserts, et priait » (Luc 5.16).

« Jésus se rendit sur la montagne pour prier, et il passa toute la nuit à prier Dieu » (Luc 6.12).

Qu'en est-il de nous ? Nous devons faire de la prière une partie importante de notre vie.

Le nom de Jésus

« Dieu a placé Jésus—au-dessus de toute domination, de toute autorité, de toute puissance, de toute dignité, et de tout nom qui se peut nommer, non seulement dans le siècle présent, mais encore dans le siècle à venir » (Ephésiens 1.21).

Jésus avait été rendu très important. Ici il a dit ceci : « Tout pouvoir m'a été donné dans le ciel et sur la terre » (Matthieu 28.18). Jésus est maintenant assis sur le trône à la droite de Dieu et ainsi nous a fait asseoir avec lui au ciel. « Et nous a fait asseoir ensemble dans les lieux célestes » (Ephésiens 2.6). Jésus a le pouvoir de nous donner l'autorité : « Je vous ai donné le pouvoir ... sur toute la puissance de l'ennemi ; et rien ne pourra vous nuire » (Luc 10.19).

Le message clé de tous ces versets est ceci : Jésus a tout pouvoir, il est donc capable de nous donner ce même pouvoir. Lorsque nous sommes unis à Christ nous pouvons prendre appui sur son nom pour résister à Satan et détruire ses œuvres.

- Nous devons prêcher au nom de Jésus (Luc 24.47).
- Nous devons prier au nom de Jésus (Jean 14.14).
- Nous avons été sauvés au nom de Jésus (Actes 4.12).
- Au nom de Jésus Dieu a guéri les malades (Actes 3.6).
- Au nom de Jésus les mauvais esprits doivent partir (Actes 16.18).

Il y avait un chrétien qui a passé la nuit dans une maison. Au milieu de la nuit il a senti un vent glacé souffler sur son corps. Lorsqu'il a ouvert les yeux il a vu une silhouette tout près de son lit prête à lui faire du mal. Il a crié très fort : « Au nom de Jésus sors de cette maison ! » Immédiatement, l'esprit mauvais est sorti de la maison.

Le nom de Jésus est très important pour combattre Satan. Lorsque nous voulons utiliser le nom de Jésus, nous devons au préalable croire et nous joindre à lui. Autrement, nous serons comme les fils de Scéva. Le chapitre 19 du livre des Actes raconte qu'ils ont essayé de chasser un esprit mauvais mais, parce qu'ils ne croyaient pas vraiment en Jésus l'esprit mauvais les a combattus. Jésus a dit : « Si vous demeurez en moi, et que mes paroles demeurent en vous, demandez ce que vous voudrez et cela vous sera accordé » (Jean 15.7). Nous devons vivre unis au Seigneur Jésus-Christ.

Le sang de Jésus

« Ils l'ont vaincu à cause du sang de l'agneau et à cause de la parole de leur témoignage » (Apocalypse 12.11).

Si nous voulons comprendre le sens des mots « le sang de l'agneau » nous devons nous souvenir de l'histoire de Moïse. Les enfants d'Israël ont vécu pendant 400 ans avant Jésus-Christ en Egypte. Parce qu'ils croissaient en nombre, les Egyptiens ont eu peur d'eux et en ont fait des esclaves. Les Egyptiens les battaient très souvent et les faisaient travailler très durement. A cause des coups et des travaux forcés, ils criaient à Dieu pour qu'il puisse les secourir. Dieu a entendu leurs cris puis a envoyé Moïse pour les secourir et les ramener sur la terre de Canaan. Le roi d'Egypte est devenu très têtu et n'a pas voulu libérer les enfants d'Israël, même après que les Egyptiens ont eu souffert neuf fléaux en guise de punition de la part de Dieu. Le roi s'entêtait toujours, et Dieu a dit qu'il enverrait un autre fléau qui inciterait le roi d'Egypte à laisser partir les enfants d'Israël.

Moïse a ordonné à chaque famille des enfants d'Israël de tuer un agneau et à mettre le sang sur les linteaux de leurs portes. Cette nuit-là, ils devaient rester dans leurs maisons et préparer leurs affaires pour le long voyage qui les attendait. La même nuit, Dieu tuait les premiers-nés mâles des familles dont les poteaux des portes n'étaient pas recouverts du sang d'un agneau.

Finalement voici ce qui est arrivé. Cette nuit-là des lamentations se sont faites entendre à travers toute l'Egypte à cause de la mort des premiers-nés mâles tués par l'ange de l'Eternel. Le premier-né du roi a été aussi tué. C'est alors que le roi d'Egypte a envoyé dire à Moïse de prendre les enfants d'Israël et de sortir d'Egypte. Ainsi, les enfants d'Israël ont été libres de partir d'Egypte. A partir de ce moment les enfants d'Israël ont célébré ce grand événement marqué chaque année par un jour de fête qu'ils appellent la pâques.

Cette histoire nous rappelle l'œuvre que Dieu a accompli pour nous libérer des mains de Satan.
- Jésus est l'agneau de Dieu (Jean 1.29).
- Aujourd'hui Satan maintient les gens dans l'esclavage du péché tout comme le roi d'Egypte a traité les enfants d'Israël (Romains 6.16). Nous vivions comme des esclavages du péché (Jean 8.34).
- Mais Jésus est venu pour nous rendre libre (Jean 8.36).
- Jésus nous a rachetés par son propre sang. « Vous avez été rachetés par le sang précieux de Christ, comme d'un agneau sans défaut et sans tache » (1 Pierre 1.18-19).
- « Et le sang de Jésus son Fils nous purifie de tout péché » (1 Jean 1.7).
- Réjouissez-vous. Nous ne sommes plus des esclaves au péché. Jésus nous a libérés avec son sang. Sur la croix, Jésus « a dépouillé les dominations et les autorités, et les a livrées publiquement en spectacle, en triomphant

d'elles » (Colossiens 2.15). Aujourd'hui, Satan sait que le sang de Jésus l'a vaincu.

Une histoire

Une fois il y avait un pasteur qui a voulu implanter une église dans une nouvelle localité. Il s'est rendu en ce lieu avec quelques villageois. En chemin les personnes qui l'accompagnaient lui ont dit : « ici il y a un lac dans lequel se trouve un esprit selon les dires des gens. Nous devons donc être très prudents et ne faire aucun bruit ». Lorsqu'ils ont été tout près du lac, ils ont entendu une voix appelant le pasteur par son nom. Les villageois ont été très effrayés. Ils ont pensé que le pasteur allait mourir. Alors, ils lui ont dit qu'il fallait rebrousser chemin. Le pasteur a refusé et leur a dit qu'ils venaient au nom de Jésus, et que le sang de Jésus les couvrirait. Ils ont continué leur marche jusqu'au village. Lorsque les habitants du village ont appris cela, ils ont cru que le pasteur mourrait la nuit. A leur grande surprise, il était toujours vivant. Ainsi, ils ont été impatients d'entendre la bonne nouvelle. Parce qu'ils savaient maintenant que Dieu avait un pouvoir au-dessus de celui des esprits.

Nous pouvons aussi faire la même chose et demander le sang de Jésus sur nos vies afin que Satan ne puisse pas nous faire du mal.

Une autre histoire

Dans un certain village un pasteur a expérimenté des difficultés pendant son ministère de prédicateur de la bonne nouvelle. Il n'était écouté que par un petit nombre de gens, mais tout le reste l'ignorait et lui avait tourné le dos. Le problème s'empirait car lorsqu'il essayait de lire la Bible et de prier, il avait l'impression que Dieu ne l'écoutait pas. Il tentait vainement de préparer le message du dimanche. Il a déprimé fortement et pensa qu'il avait commis un péché qui empêchait la bénédiction de Dieu de se manifester. Et quoiqu'il s'est examiné puis a confessé à Jésus tout ce qu'il avait fait, la situation n'a pas évolué. Il a demandé l'avis d'un autre pasteur pour en savoir la cause. Ce pasteur lui a répondu : « c'est parce que tu es en train d'implanter l'œuvre dans une nouvelle localité alors que les gens qui y vivent sont encore sous le joug de Satan. Tu es en train d'essayer de les libérer alors que Satan s'attelle à te vaincre. Tu dois prier et demander que le sang de Jésus te couvre afin que Satan et ce problème auquel tu es confronté puissent disparaître ».

Alors ils ont prié ensemble et voici le contenu de la prière du pasteur : « Seigneur Jésus, je veux faire ta volonté mais le problème est devenu trop grand et a dépassé mes compétences. Seigneur, je n'en peux plus. Je te prie de me couvrir de ton sang.» Puis il a prononcé à haute voix ces paroles : « Satan laisse-moi en paix, je ne suis plus à toi, Jésus m'a racheté par son sang, et j'ai fait une alliance avec lui disant que je vivrai chaque jour sous son sang pour ma protection ».

Immédiatement après la prière, le problème a été résolu et il a pu prier, lire la Bible, et prêcher la parole de Dieu sans aucun problème.

Il a remporté la victoire par la puissance du sang de l'agneau. Il a prononcé ces paroles qui ont mis Satan en fuite (Apocalypse 12.11).

Gloire à Dieu

« Venez, chantons avec allégresse à l'Eternel ! Poussons des cris de joie vers le rocher de notre salut. Allons au-devant de lui avec des louanges, faisons retentir des cantiques en son honneur ! Car l'Eternel est un grand Dieu, il est un grand roi au-dessus de tous les dieux » (Psaume 95.1-3).

Chanter des cantiques, louer Dieu, et remercier Dieu sont des choses qui nous aident à vaincre Satan. Dieu utilise ces choses pour fortifier notre foi en lui et il est très difficile à Satan de se tenir tout près de ceux qui louent Dieu. La Bible dit clairement que dans les derniers jours tout genou fléchira confessant que « Jésus-Christ est Seigneur » (Philippiens 2.11). Satan a peur des derniers jours. Lorsque nous sommes enthousiastes et confessons avec notre bouche que « Jésus-Christ est Seigneur » Satan est effrayé et s'en va loin de nous.

Lorsque nous adorons et louons le nom de Dieu, faisons cela avec des cœurs pleins de remerciements. « Entretenez-vous par des psaumes, par des hymnes, et par des cantiques spirituels, chantant et célébrant de tout votre cœur les louanges du Seigneur ; rendez continuellement grâces pour toutes choses à Dieu le Père, au nom de notre Seigneur Jésus-Christ » (Ephésiens 5.19-20).

« Soyez toujours joyeux. Priez sans cesse. Rendez grâces en toutes choses, car c'est à votre égard la volonté de Dieu en Jésus-Christ » (1 Thessaloniciens 5.16-18).

La puissance du Saint-Esprit

Lorsque Jésus était prêt à quitter cette terre pour aller au ciel, il savait que nous n'aurions pas assez de force de par nous-mêmes pour vaincre Satan. C'est la raison pour laquelle il nous a envoyé le Saint-Esprit. Jésus a rappelé aux disciples à plusieurs reprises d'attendre la venue du Saint-Esprit. Ecoutez les paroles de Jésus.

« Et voici, j'enverrai sur vous ce que mon Père a promis ; mais vous, restez dans la ville jusqu'à ce que vous soyez revêtus de la puissance d'en haut » (Luc 24.49).

« Et moi, je prierai le Père, et il vous donnera un autre consolateur, afin qu'il demeure éternellement avec vous, l'Esprit de vérité » (Jean 14.16-17).

« Mais vous recevrez une puissance, le Saint-Esprit survenant sur vous, et vous serez mes témoins. » (Actes 1.8).

Dans le livre des Actes nous voyons comment l'église s'est affermie et s'est répandue pour gagner plusieurs pays du monde. Plusieurs de ceux qui vivaient sous la puissance de Satan ont été délivrés à l'écoute de l'évangile et ont cru au Seigneur Jésus-Christ. Cette église remportait tous ses combats contre Satan. Le succès de cette église n'a été possible que par la puissance du Saint-Esprit.

Plusieurs années après, l'apôtre Jean dans sa vieillesse dit : « Parce que celui, l'Esprit de Dieu, qui est en vous est plus grand que celui qui est dans le monde » (1 Jean 4.4).

La Bible affirme très clairement que le Saint-Esprit nous aide à triompher du péché, à vaincre Satan et toutes les puissances des ténèbres.

Nos armes pour le combat

Nous avons étudié toutes les armes que Dieu nous a données contre Satan, notre ennemi, et c'est notre devoir de les utiliser. N'ayons pas peur de Satan. Nous devons nous revêtir de toutes les armes de Dieu et des autres armes que nous avons mentionnées et foncer sur Satan. Alors, il s'enfuira !

Questions de réflexion

1. En tant que chrétiens, pouvons-nous avancer contre les refuges fortifiés de Satan ?

2. Comment pouvons-nous employer la Bible comme arme contre Satan?

3. Beaucoup de religions n'ont pas de chants victorieux. Quelles sont les chansons chrétiennes que nous pouvons utiliser pour nous fortifier dans les moments difficiles ?

12 NOUS SOMMES CAPABLES DE CHASSER LES MAUVAIS ESPRITS

Une histoire

Il y avait un mouvement du Saint-Esprit dans une église et plusieurs personnes s'y rendaient pour l'adoration. De nombreux chrétiens passaient du temps dans la prière. Ils composaient de nouvelles chansons. Nombre d'entre eux avaient de beaux rêves à partager avec les autres pendant le culte et tout le monde était content et voulait davantage prier le Seigneur. Pierre était l'une des personnes qui dirigeait le réveil spirituel. Il était utilisé par Dieu et prêchait plusieurs bons sermons pour encourager les Chrétiens. Ses messages défiaient aussi les non-Chrétiens et ils se repentaient.

Pendant l'une de leurs réunions de prière Pierre a affirmé que l'une des femmes présentes dans la salle était possédée par un esprit mauvais, mais la femme a répondu qu'elle n'était pas possédée. La discussion a pris la tournure d'une dispute pendant laquelle la femme a dit très fermement qu'elle n'avait aucun esprit mauvais en elle. Elle a dit que Pierre racontait des mensonges.

Peter s'est énervé et a commencé à battre la femme. Il a enjoint aux autres de battre cette femme, essayant ainsi de chasser le mauvais esprit qui était en elle. Ils l'ont frappée et l'ont laissée presque morte.

Les parents de la femme ont été très fâchés, et ils ont porté l'incident à la police. Pierre a été arrêté. Certains chrétiens se sont rangés du côté de Pierre et d'autres du côté de la femme. Ils étaient vraiment divisés et troublés.

Cette histoire soulève certaines questions.

- Quels sont les signes révélateurs de la présence d'un mauvais esprit chez une personne ?
- Comment les chrétiens sont-ils supposés chasser un mauvais esprit ?

Les choses que Jésus fit

« Le Fils de Dieu a paru afin de détruire les œuvres du diable » (1 Jean 3.8).

Pendant que Jésus allait par-ci par-là prêchant la bonne nouvelle, il guérissait aussi les malades et chassait les mauvais esprits. Il y a sept histoires qui nous montrent comment Jésus chassait les mauvais esprits. Les voici dans l'ordre :

- Un homme qui avait un esprit de démon impur dans la synagogue de Capernaüm (Marc 1.21-28, Luc 4.31-37).
- Le démoniaque aveugle et muet (Matthieu 12.22-29, Marc 3.22-27, Luc 11.14-22).
- L'homme du pays des Gadaréniens (Matthieu 8.28-34, Marc 5.1-20, Luc 8.26-39).

- Le fils de la femme cananéenne (Matthieu 15.21-28, Marc 7.24-30).
- Le jeune lunatique (Matthieu 17.14-21, Marc 9.14-29, Luc 9.37-43).
- La femme infirme (Luc 13.10-17).
- Le démoniaque muet (Matthieu 9.32).

Il y avait aussi beaucoup d'autres occasions pendant lesquelles Jésus a chassé des esprits mauvais mais ces histoires ne sont pas racontées. (Matthieu 4.24, 8.16 ; Marc 1.32-39 ; 3.11 ; 6.13 ; Luc 4.41 ; 6.18 ; 7.21).

Ces histoires prouvent que chasser les mauvais esprits occupait une grande place dans le ministère de Jésus. Parfois, la maladie peut être causée par un esprit démoniaque, même si cela n'est pas la cause de toutes les maladies.

Nous ne pouvons pas examiner toutes les histoires dans lesquelles Jésus a chassé les esprits mauvais. Nous étudierons seulement celle du jeune lunatique.

Vous pouvez lire cette histoire dans Matthieu 17.14-21. Le père du jeune homme l'a amené aux disciples. Jésus n'était pas avec eux à ce moment là. Il était en train de prier sur la montagne. Les disciples ont essayé de faire sortir l'esprit mauvais du jeune homme, mais ne l'ont pas pu. Lorsque Jésus est venu plus tard, le père lui a amené le jeune homme et lui a demandé de chasser le démon qui était en lui. Jésus a ordonné à l'esprit mauvais de sortir du jeune homme et il en a été ainsi immédiatement.

Plus tard les disciples sont venu à Jésus et lui ont demandé les raisons de leur échec. Jésus leur a dit : « C'est à cause de votre incrédulité » (Matthieu 17.20-21). Il a ajouté : « Mais cette sorte de démon ne sort que par la prière et par le jeûne ».

Ces paroles de Jésus nous apprennent trois nécessités majeures pour chasser les démons.

- *La foi.* Nous devons croire en la puissance de Jésus.
- *La prière.* Nous devons nous attacher fermement au Seigneur. Comme le disait Jésus, « Si vous demeurez en moi, et que mes paroles demeurent en vous, demandez ce que vous voudrez, et cela vous sera accordé » (Jean 15.7).
- *Le jeûne.* Le jeûne montre que nous avons faim spirituellement. Nous mettons de côté la nourriture physique et désirons en lieu et place voir la puissance de Dieu à l'œuvre.

Quelques signes révélateurs de la possession chez une personne

Dans 1 Corinthiens 12.10, Paul dit que certains Chrétiens ont le don du « discernement des esprits » Ceci les a aidé à déterminer si un esprit mauvais est la cause d'une maladie ou si elle est ordinaire. Dieu veut utiliser des chrétiens et chrétiennes qui ont ce don pour aider ceux qui sont possédés par un esprit mauvais.

Ne nous amusons pas avec les mauvais esprits. Actes 19.13-16 décrit la manière dont les esprits mauvais ont traité les fils de Scéva lorsqu'ils ont essayé d'en chasser un alors qu'ils n'avaient aucune relation intime avec le Seigneur, Jésus-Christ. Mais ceux qui ont une relation personnelle avec le Seigneur Jésus ne doivent pas avoir peur d'un esprit mauvais.

Plusieurs dirigeants d'église ont rencontré des gens possédés par des mauvais esprits et ont interprété certains signes comme attestant de la présence du démon. Ces signes peuvent être :

- Ils sont toujours fâchés lorsqu'ils entendent le nom de Jésus, voient une croix ou même se rendent dans une église. Il y a des moments où ils peuvent vraiment être en colère lorsqu'ils voient n'importe quelle chose appartenant à Dieu (Marc 1.21-28).
- Comparés à une personne ordinaire ils ont une force surnaturelle (Matthieu 8.28).
- Peut-être dans leur passé, ils étaient engagés dans la pratique de la sorcellerie et de la magie, auraient fait appel à un sorcier ou voyant pour une aide, ou offert un sacrifice à Satan.
- Peut-être qu'ils cachent encore quelques amulettes magiques ou instruments de la sorcellerie dans leurs maisons.
- Leurs parents ou grand parents étaient engagés dans la pratique de la sorcellerie et la communication avec les esprits des morts et

leurs enfants ont maintenant ces esprits mauvais en eux.

- Leurs esprits sont pleins de mauvaises pensées, et ils parlent contre l'église et la Parole de Dieu.
- Ils parlent vigoureusement. Parfois quand une femme parle, le ton de sa voix ressemble à celui d'un homme. Lorsqu'ils rient, leurs rires sonnent différemment des rires normaux.
- Ils sont prisonniers de la peur et des inquiétudes.
- Des fois, ils veulent prier, mais sentent que quelque chose les en empêche.
- Leurs yeux sont différents. Ils ont les yeux horribles et rouges de colère.
- Ils croient entendre des voix et cela les pousse à commettre de mauvais actes.

Vous ne trouverez probablement pas tous les onze signes en un homme ou une femme, mais si vous commencez à voir certains de ces signes dans la vie d'une personne alors vous pourrez commencez à penser, « Peut-être ceci est l'œuvre d'un esprit mauvais ». Parfois, une personne peut être possédée par un mauvais esprit sans que cela ne se manifeste jusqu'à ce que l'esprit de Dieu fasse son œuvre dans sa vie. Souvent un esprit mauvais se manifestera clairement lors d'un réveil spirituel.

Vous devez vous préparer

Nous combattons réellement Satan quand nous demandons aux esprits mauvais de quitter les corps qu'ils ont possédés. C'est la raison pour laquelle nous devons très bien nous préparer. Une liste des pré-requis qui doivent être dans nos vies afin que nous soyons équipés pour le combat nous est donnée ci-dessous.

- Nous devons savoir que le pouvoir de chasser les esprits mauvais ne se trouve qu'en Jésus. Ce pouvoir ne se manifeste pas selon notre connaissance, notre force, ou notre discours.

- Nous devons savoir si nous avons une bonne relation avec Dieu. Il ne doit y avoir aucune forme de péché entre nous et Dieu.

- Nous devons être remplis du Saint-Esprit, être sous sa direction et le laisser nous utiliser au moment précis.

- Nous devons passer assez de temps dans le jeûne, la prière, et la lecture de notre Bible. Parfois, nous n'avons pas le temps de nous apprêter alors que notre aide est requise le plus tôt possible par un possédé qui souffre. Pour cette raison nous devons toujours être prêts.

- Nous devons fermement dépendre du sang de Jésus-Christ. Jésus a vaincu Satan à la croix du Calvaire. Cette idée doit être fermement inscrite dans nos pensées. Il est nécessaire que nous prenions sur nous toutes les armes de

Dieu mentionnées en Ephésiens 6.14-17 tous les jours de notre vie.

- Ce serait aussi bon si vous avez des chrétiens affermis vivant dans votre entourage avec lesquels vous pourrez prier pour demander la force à Dieu.
- Il n'est pas question que des non chrétiens viennent assister à la séance de délivrance, parce qu'ils ne peuvent vous aider en rien à ce moment précis.

La séance de délivrance

1. Vous devez informer la personne possédée que Jésus peut la libérer et qu'elle ne doit pas avoir peur. Dites-lui que la puissance de Jésus est plus forte que n'importe quelle puissance des ténèbres.

2. Les personnes possédées doivent confesser tous les péchés dans lesquels elles se trouvent. Si elles s'étaient engagées dans la pratique de la sorcellerie, la magie noire, ou la communication avec les morts, elles doivent confesser ces choses et s'en détourner. Si elles se sont fâchées contre quelqu'un, ou si elles ont du ressentiment à l'égard d'autres personnes, elles doivent les confesser, aussi.

3. Demander à Dieu de couvrir chacun d'entre nous du sang de Jésus. Ceci est l'un des actes de foi qui constitue un bouclier fort. Satan ne sera pas capable de le transpercer pour nous attaquer.

4. Dites à l'esprit mauvais de sortir de cette personne et de s'enfuir au nom de Jésus. « Je t'ordonne, au nom de Jésus-Christ, de sortir d'elle » (Actes 16.18). Parfois l'esprit mauvais peut sortir immédiatement de la personne. A d'autres occasions l'esprit mauvais pourra s'entêter et refuser de partir, alors vous devez insister au nom de l'autorité et de la puissance du nom de Jésus de quitter cette personne.

5. Parfois, l'esprit mauvais se mettra à hurler ou se battre avec les personnes qui exercent la délivrance. Vous verrez aussi les signes du mauvais esprit dans les yeux de la personne possédée.

6. Le mieux serait de préparer à l'avance quelques versets bibliques à utiliser pendant la séance de délivrance. La Bible est l'épée de l'esprit. Et ces versets bibliques vous aideront à chasser l'esprit mauvais.

Voici quelques versets bibliques que vous pouvez utiliser :

- Matthieu 28.18. Tout pouvoir a été donné à Jésus dans le ciel et sur la terre.
- Colossiens 2.15. Jésus a vaincu les dominations et les autorités.
- Ephésiens 1.20-21. Jésus est au-dessus de toute domination, de toute autorité et de toute puissance.
- Luc 10.19. Jésus nous a donné plus de puissance que n'en a Satan.
- Apocalypse 20.10. Satan ne pourra pas éviter l'étang de feu.

Le Saint-Esprit vous rappellera aussi d'autres versets bibliques.

7. Parfois, le Saint-Esprit nous révélera des objets que cette personne aurait cachés dans sa maison ou dans sa vie et qui font partie des causes du problème. Cette personne devrait se débarrasser de ces choses, comme l'ont fait les gens d'Ephèse qui ont brûlé tous leurs livres de magie (Actes 19.19).

8. L'esprit mauvais n'a aucun moyen de remporter la victoire. Toutes les puissances et autorités de Satan doivent se soumettre à l'autorité et aux ordres du Seigneur Jésus-Christ. Vous pouvez aussi chanter des chants qui parlent de la puissance de Jésus pour vous aider. Voici un chant que vous pouvez chanter :

Veux-tu briser du péché le pouvoir

La force est en Christ

La force est en Christ

Si dans ton cœur tu veux le recevoir :

La force est dans le sang de Christ !

Je suis fort, fort ! Oui plus que vainqueur,

Par le sang de Jésus mon Sauveur !

(# 609 *Sur les Ailes de la Foi*).

9. Après que l'esprit mauvais a quitté la personne, vous devez chaque jour passer du temps avec cette personne afin de la fortifier avec la Parole de Dieu et prier avec elle. Ces personnes doivent réellement se détourner de toute mauvaise chose et passer assez de temps avec d'autres chrétiens. Elles doivent demander à Dieu de les remplir du Saint-Esprit. Si elles ne sont pas remplies du Saint-Esprit un esprit mauvais essayera de les posséder à nouveau (Matthieu 12.43-45). Mais avec l'aide du Saint-Esprit elles sont capables de marcher avec honnêteté devant la face Dieu.

L'histoire de Maria

On racontait dans un village qu'une jeune femme était devenue folle. Elle s'appelait Maria et était élève dans un lycée. Elle s'habillait bien, travaillait bien à l'école et tout le monde l'aimait. Mais elle était devenue folle. Elle refusait de se laver ou de se peigner. Elle allait par-ci et par-là la nuit en hurlant et criant très fort. Parfois, tout son corps était recouvert de boue. Certains se moquaient d'elle tandis que d'autres la fuyaient. Lorsque le pasteur Philippe l'eut appris il a commencé à y penser et a dit à sa femme, « Je crois que Dieu nous accordera un moyen d'aider cette fille et de chasser l'esprit mauvais qui est en elle. » Ils ont commencé à beaucoup prier à ce propos.

Ses parents l'ont amenée chez un autre pasteur qui n'a pas su quoi faire pour l'aider. D'autres ont fait appel à un sorcier mais il n'a pu non plus rien faire pour les aider.

Un soir, Philippe a entendu des hurlements le long de la route, puis il est sorti pour voir ce qui se passait. Il a vu Maria tenue fermement par d'autres personnes venir vers sa maison. Comme elle regardait fixement le pasteur, ses yeux sont devenu rouges et elle hurlait : « Non, non, j'ai peur de lui ! »

Le pasteur Philippe a dit à ceux qui étaient avec Maria : « Vous ne devez pas hurler ou être surpris. Elle a un mauvais esprit en elle. Je ne peux pas le faire sortir, mais le Seigneur Jésus-Christ a le pouvoir d'ordonner à cet esprit mauvais de sortir d'elle ». Ensuite il l'a regardée dans les yeux et a dit : « Au nom de Jésus-Christ, toi mauvais esprit, je t'ordonne de sortir de Maria ». Aussitôt, Maria a été prise de violentes convulsions. Quelque chose semblable au vent faisant des vas et viens s'est passée. Maria est tombé comme morte. Ceux qui se tenaient là ont cru que Maria était morte. Mais elle a ouvert les yeux au bout d'un instant, demandant : « Où suis-je ? Que m'est-il arrivée ? »

Philippe a prié Dieu afin qu'il prenne soin d'elle et qu'il veille sur elle. Les gens qui avaient accompagné Maria ont rendu gloire à Dieu pour avoir aidé Maria en chassant cet esprit mauvais.

Questions de réflexion

1. Qui a l'autorité de chasser les démons? Expliquez votre réponse.

2. Comment devrions-nous nous préparer pour une séance d'exorcisme ?

3. Pourquoi l'étape consistant à aider la personne libérée à grandir spirituellement est-elle importante ?

13 DIEU EST NOTRE PROTECTEUR

Nous avons beaucoup parlé de Satan, notre ennemi qui essaie de nous faire du mal. Ne vous laissez pas effrayer par ces paroles et que cela ne vous fasse pas penser que vous n'avez aucun moyen de vaincre Satan. Dieu est notre protecteur et si nous nous attachons à lui, Satan n'a aucun moyen de nous attaquer.

« Eternel, mon rocher, ma forteresse, mon libérateur ! Mon Dieu, mon rocher, où je trouve un abri ! Mon bouclier, la force qui me sauve, ma haute retraite » (Psaume 18.3).

Moïse et la nuée

Lisez Exode, le chapitre 14.

Les Israélites ont quitté l'Egypte et se sont mis en route pour le pays de Canaan. Lorsqu'ils sont arrivés à la mer Rouge, la colère du roi s'est enflammée contre eux pour avoir quitté l'Egypte. Il a pris son armée et ses chars pour poursuivre les Israélites. Les Israélites étaient surpris de les voir. Il y avait devant eux la mer Rouge et derrière eux le roi d'Egypte et son armée. Ils ont été effrayés et ont appelé Moïse au secours. Et Moïse a dit : « Ne craignez rien, restez en place, et regardez la délivrance que l'Eternel va vous accorder en ce jour » (Exode 14.13).

« L'ange de Dieu, qui allait devant le camp d'Israël, partit et alla derrière eux; et la colonne de nuée qui les précédait, partit et se tint derrière eux. Elle se plaça entre le camp des Egyptiens et le camp d'Israël. ... Et les deux camps n'approchèrent point l'un de l'autre pendant toute la nuit » (Exode 14.19-20).

Dieu en aucun moment ne les avait quittés. Il les protégeait et les mettait à l'abri de leur ennemi.

Elisée et les chars de feu

Lisez 2 Rois 6.8-23.

Elisée était un très puissant prophète de Dieu. Il y avait toujours la guerre entre l'armée de Syrie et celle d'Israël à l'époque pendant laquelle Elisée était prophète. Dieu révélait au prophète Elisée les plans et les pensées du roi de Syrie. Le roi de Syrie a été très irrité lorsqu'il l'a appris et a envoyé son armée pour se saisir d'Elisée. Un matin, le serviteur du prophète Elisée a ouvert la fenêtre et a aperçu l'armée syrienne qui entourait la petite ville où ils se trouvaient. Il a été très effrayé et a appelé Elisée.

Elisée lui a dit, « Ne crains point, car ceux qui sont avec nous sont en plus grand nombre que ceux qui sont avec eux. Elisée pria, et dit : Eternel, ouvre ses yeux, pour qu'il voie. Et l'Eternel ouvrit les yeux du serviteur, qui vit la montagne pleine de chevaux et de chars de feu autour d'Elisée » (2 Rois 6.16-17).

Quant à nous, réjouissons-nous en tant que chrétiens. L'armée de Dieu est plus forte que les armées de ce monde, y compris les puissances des ténèbres et les esprits de Satan. Les anges de Dieu travaillent incessamment mais nous ne pouvons les voir. Souvenez-vous de la promesse de Dieu.

« L'ange de l'Eternel campe autour de ceux qui le craignent » (Psaume 34.8).

Une histoire du village

Une bande de vauriens a planifié d'attaquer certaines personnes pour voler leurs biens. Ils se sont rendus près d'un lac des environs, ont tué un poulet et ont demandé à Satan de leur donner la force.

Plus tard, ils sont allés dans une maison appartenant à une famille chrétienne. Le chef de la bande, fusil en main est allé frapper à la porte. Le propriétaire de la maison a ouvert et le chef de la bande lui a intimé de se rendre.

Le maître des lieux a crié très fort : « Seigneur Jésus, protège notre maison ». A cet instant précis le chef de bande a été très effrayé. Il a baissé son fusil et a dit aux membres de sa bande de quitter les lieux. Alors ils se sont retournés et sont parti.

Dieu est notre protecteur

John Paton était un missionnaire aux îles Hébrides dans le Pacifique du sud. Les sorciers ne voulaient pas de lui dans le village et ont décidé de se débarrasser de sa personne. Un jour, John a rencontré les trois plus grands sorciers du village. En présence des villageois il leur a dit : « Vous voulez vous débarrasser de moi mais Dieu m'a appelé à être ici, et sa puissance est au-dessus de vos forces des ténèbres. Vous pouvez continuer à tenter n'importe quoi. Vous pouvez pratiquer votre sorcellerie sur moi aujourd'hui et demain. Nous verrons si vous pouvez me tuer. Ensuite nous verrons si vos forces des ténèbres sont au-dessus de la puissance de mon Dieu. »

Les trois sorciers ont invoqué les mauvais esprits pour faire mourir le missionnaire. Les villageois s'inquiétaient de l'issue du combat. Cependant, un jour est passé, puis deux, puis une semaine entière et rien n'est arrivé au missionnaire. Les gens ont témoigné que la puissance de Dieu est au-dessus de celle de Satan. Dieu est notre protecteur.

Questions de réflexion

1. La Bible raconte plusieurs récits de personnes qui ont été protégées par Dieu. Donnez quelques exemples.

2. Est-ce que Dieu nous protège de la même manière aujourd'hui ? Expliquez votre réponse.

3. Comment pouvons-nous prier pour ceux qui sont en danger ?

14 JESUS JETTERA SATAN DANS LE FEU

Dans ce livre nous avons étudié plusieurs passages bibliques qui nous ont montré les manœuvres de Satan, et comment Jésus l'a vaincu. Entre autres :

- Au commencement Satan était l'un des anges de Dieu, mais il lui a désobéi et a été jaloux de la gloire de Dieu. Il a voulu être l'égal de Dieu. Alors, Dieu l'a chassé du paradis en compagnie de plusieurs anges qui s'étaient associés à lui.

- Nous avons aussi étudié certains des comportements de Satan. Il est puissant, rusé, et est aussi le chef de tous les mauvais esprits. Il est le père du mensonge et est toujours à l'œuvre pour tromper le peuple de Dieu et l'inciter à pécher.

- Il va par-ci et par-là pour tromper les gens. Il les trompe pour leur faire croire aux esprits des morts, à la sorcellerie, et aux amulettes magiques.

- Jésus est venu pour détruire les œuvres de Satan. Chaque miracle témoigne de la puissance et de l'autorité de Jésus. Lorsque Jésus est mort et ressuscité d'entre les morts il a remporté la victoire sur les puissances et les autorités de Satan. Aujourd'hui nous sommes vraiment libres par la puissance de Jésus.

- Aujourd'hui, Satan redouble d'effort dans son combat, et nous chrétiens, devons nous revêtir de toute l'armure de Dieu afin de le vaincre.

Nous sommes maintenant au dernier chapitre de ce livre et nous allons aborder une question importante. Nous sommes engagés dans un combat, mais comment ce combat se terminera-t-il ? Qui remportera la victoire ?

Jésus revient

Les chrétiens attendent certains grands changements qui auront lieu. Jésus revient. Cet évènement n'apportera pas juste un petit changement. Il y aura plusieurs changements qui auront lieu. Dans ce chapitre, nous ne pourrons pas examiner assez minutieusement tous les changements qui auront lieu lorsque Jésus reviendra. Nous en étudierons seulement quelques-uns.

La première fois que Jésus est venu comme un enfant, très peu de gens l'ont vu. Mais lorsqu'il reviendra, il sera accompagné des anges, de toute l'armée du ciel, dans la puissance et la gloire.

« Elles verront le Fils de l'homme venant sur les nuées du ciel avec puissance et une grande gloire. Il enverra ses anges avec la trompette retentissante, et ils rassembleront ses élus des quatre vents, depuis une extrémité des cieux jusqu'à l'autre » (Matthieu 24.30-31).

Jésus sera le juge

« Lorsque le Fils de l'homme viendra dans sa gloire, avec tous les anges, il s'assiéra sur le trône de sa gloire. Toutes les nations seront assemblées devant lui. Il séparera les uns d'avec les autres » (Matthieu 25.31-32).

« Voici, je viens bientôt, et ma rétribution est avec moi, pour rendre à chacun selon ce qu'est son œuvre » (Apocalypse 22.12).

Ceux qui suivent Jésus et vivent une vie sainte recevront une récompense et se réjouiront pour toujours. Mais ceux qui désobéissent à la parole de Dieu, se détournent du Christ et font de mauvaises choses seront payées selon leurs mauvaises œuvres.

« Nous te rendons grâce, Seigneur Dieu tout-puissant, qui es, et qui étais, de ce que tu as saisi ta grande puissance et pris possession de ton règne. Les nations se sont irritées ; et ta colère est venue, et le temps est venu de juger les morts, de récompenser tes serviteurs les prophètes, les saints et ceux qui craignent ton nom, les petits et les grands, et de détruire ceux qui détruisent la terre » (Apocalypse 11.17-18).

Le jugement de Dieu terrifiera ceux qui ne croient pas au Seigneur Jésus. Ils auront peur parce qu'ils ont refusé la grâce de Dieu. Mais ceux qui font la volonté du Père et portent humblement la croix de Jésus-Christ seront heureux.

Christus Victor !
Satan sera détruit lorsque Jésus reviendra

Le Fils de Dieu a paru afin de détruire les œuvres du diable (1 Jean 3.8).

Jésus a vaincu Satan lorsqu'il a triomphé de toutes ses tentations, a fait des miracles et a chassé les esprits mauvais. Jésus a vaincu Satan et toute sa puissance lorsqu'il est mort et ressuscité d'entre les morts. Cependant, Satan est encore farouchement à l'œuvre jusqu'à maintenant. Et plus le retour du Seigneur se rapproche plus le combat s'intensifie. Mais Jésus a dit : « Je suis l'alpha et l'oméga, le premier et le dernier, le commencement et la fin » (Apocalypse 22.13). Jésus a terminé son œuvre sur la croix du calvaire, où il a vaincu Satan et dépouillé les dominations et les autorités du diable (Colossiens 2.15). Aujourd'hui Satan n'est qu'un simple dirigeant temporaire de ce monde. Lorsque Jésus reviendra et s'assiéra sur son trône de gloire pour juger le monde, Satan n'aura plus de possibilité de faire son œuvre.

La Bible ne nous donne pas tous les détails, mais elle prédit très clairement la fin de Satan. « Et le diable, qui les séduisait, a été jeté dans l'étang de feu et de soufre, où sont la bête et le faux prophète. Et ils seront tourmentés jour et nuit, aux siècles des siècles » (Apocalypse 20.10).

Les chrétiens seront récompensés

Ceux qui tiendront ferme au nom de Jésus pour combattre Satan seront récompensés. Certaines de ces récompenses seront :

« A celui qui vaincra je donnerai à manger de l'arbre de vie » (Apocalypse 2.7).

« Celui qui vaincra sera revêtu ainsi de vêtements blancs ; je n'effacerai point son nom du livre de vie, et je confesserai son nom devant mon Père et devant ses anges » (Apocalypse 3.5).

« Celui qui vaincra, je le ferai asseoir avec moi sur mon trône, comme moi j'ai vaincu et me suis assis avec mon Père sur son trône » (Apocalypse 3.21).

Jean mentionne certaines des bonnes choses qu'il a vues au paradis :

- Un nouveau ciel et une nouvelle terre,
- La nouvelle Jérusalem,
- La demeure de Dieu avec tout son peuple,
- Plus de larmes,
- Plus de mort,
- Plus de tristesse et de pleurs,
- Plus de douleurs, et
- La source de l'eau de vie.

Puis Jean a vu Jésus assis sur son trône de gloire et Jésus dit, « Celui qui vaincra héritera ces choses ; je serai son Dieu, et il sera mon fils » (Apocalypse 21.1-7).

Aujourd'hui nous sommes en guerre. Mais d'ici peu la guerre prendra fin et nous recevrons la récompense qui nous attend. Paul déclare : « J'estime que les souffrances du temps présent ne sauraient être comparées à la gloire à venir qui sera révélée pour nous » (Romains 8.18).

Chaque chrétien est engagé dans la guerre contre Satan. Satan fait tous les efforts possibles pour décourager les serviteurs de Dieu. Il combat avec hardiesse pour détruire nos vies chrétiennes. Nous devons alors nous revêtir de toutes les armes que Dieu nous a données avec lesquelles nous pouvons vaincre Satan. Chers amis, tenez fermes et ne permettez à quoique ce soit de vous ébranler. Souvenez-vous que le temps que vous passez au service de Dieu n'est pas vain. Redoublons alors de courage dans notre travail au service du Seigneur (1 Corinthiens 15.58).

Jésus recevra la puissance et la gloire d'éternité en éternité

Nous avons vu dans le premier chapitre de ce livre que Satan était jadis un ange de Dieu, mais il a envié la gloire et la puissance de Dieu. Il a refusé de se soumettre à l'autorité de Dieu et a voulu se faire l'égal de Dieu. Alors Dieu l'a chassé de son travail et désormais, il a nourri une très grande haine à l'égard de Dieu.

En Philippiens 2.5-11 nous voyons comment l'attitude de Jésus a été très différente de celle de Satan. Quoiqu'il ait été l'égal de Dieu, il ne s'est pas soucié de ce que les autres pensaient de lui. Il a renoncé à sa place de Dieu et est devenu semblable à un serviteur. Il a vécu comme un homme, a obéi à Dieu à tout égard jusqu'à la mort sur la croix. C'est pourquoi aussi Dieu l'a souverainement élevé, et lui a donné le nom qui est au-dessus de tout nom, afin qu'au nom de Jésus tout genou fléchisse dans les cieux, sur la terre et sous la terre, et que toute langue confesse que « Jésus-Christ est Seigneur ».

Dans le livre d'Apocalypse l'ange de l'Eternel a montré certaines des choses à venir à Jean. Jean a vu les anges et tout ce qui existait sur la terre rendre gloire et honneur à Jésus.

« Je regardai, et j'entendis la voix de beaucoup d'anges autour du trône. ... Leur nombre était des myriades de myriades et des milliers de milliers. Ils étaient 10 000 fois 10 000. Ils disaient d'une voix forte : L'agneau qui a été immolé est digne de recevoir la puissance, la richesse, la sagesse, la force, l'honneur, la gloire, et la louange. Et toutes les créatures qui sont dans le ciel, sur la terre, sous la terre, sur la mer, et tout ce qui s'y trouve, je les entendis qui disaient : A celui qui est assis sur le trône, et à l'agneau, soient la louange, l'honneur, la gloire, et la force, aux siècles des siècles ! » (Apocalypse 5.11-13).

Un jour nous serons de ceux qui rendent gloire et honneur à Jésus. Nous remporterons la victoire par la force que nous donne Jésus. Oui, rendez gloire et honneur à Dieu, car Jésus a remporté la victoire.

Jésus a vaincu Satan

Satan est très mauvais. Il est à la fois l'ennemi de Dieu et de l'humanité. Il est fâché et c'est la raison pour laquelle il va par-ci et par-là détruisant les gens et la création de Dieu. Il a assez de puissance et d'autorité pour nous amener à avoir peur de lui. Mais nous chrétiens, devons savoir que Dieu, notre Père, a *toute* puissance et autorité. Notre Seigneur Jésus-Christ est déjà venu pour détruire les œuvres de Satan.

Le temps de la seconde venue de notre Seigneur pour détruire Satan lui-même se rapproche. En ce moment Dieu jettera Satan dans l'étang de feu et de soufre. Et Satan sera tourmenté jour et nuit, aux siècles des siècles (Apocalypse 20.10).

Réjouissons nous et gardons une grande espérance alors que nous combattons pour remporter la victoire.

Questions de réflexion

1. Qu'arrivera-t-il à Satan lorsque Jésus reviendra?
2. Qu'arrivera aux chrétiens à ce moment-là ?
3. Quelle est la raison de notre espérance?

TABLE DE MATIERES

INTRODUCTION 5

1. QUELLE EST L'ORIGINE DE SATAN ?................................8
2. QUELQUES-UNS DES NOMS DE SATAN........................12
3. QUELQUES-UNES DES CONDUITES DE SATAN..........19
4. LES ESPRITS DES MORTS...25
5. LA SORCELLERIE ET LES PUISSANCES SATANIQUES...34
6. MAGIE ET AMULETTES 41
7. JESUS A TRIOMPHE DES TENTATIONS DE SATAN 48
8. JESUS A OBTENU LA VICTOIRE SUR LA CROIX 54
9. L'ARMEE DE DIEU PEUT VAINCRE L'ARMEE DE SATAN...64
10. NOUS DEVONS NOUS REVETIR DE TOUTES LES ARMES DE DIEU 69
11. NOS ARMES POUR LE COMBAT.......................................77
12. NOUS SOMMES CAPABLES DE CHASSER LES MAUVAIS ESPRITS 89
13. DIEU EST NOTRE PROTECTEUR...................................101
14. JESUS JETTERA SATAN DANS LE FEU 105

www.ingramcontent.com/pod-product-compliance
Lightning Source LLC
Chambersburg PA
CBHW031406040426
42444CB00005B/431